Max Lüscher
Der 4-Farben-Mensch

Max Lüscher

Der 4-Farben-Mensch

Der Weg zum
inneren Gleichgewicht

ECON Verlag
Düsseldorf · Wien · New York

CIP-Titelaufnahme der Deutschen Bibliothek

Lüscher, Max:
[Der Vier-Farben-Mensch]
Der 4-Farben-Mensch: d. Weg zum inneren Gleichgewicht / Max Lüscher. –
Düsseldorf; Wien; New York: ECON Verl., 1989
ISBN 3-430-16227-0

Gesetzt aus der Times, Linotype
Satz: Lichtsatz Fanslau, Düsseldorf
Druck und Bindearbeiten: Ebner Ulm
Printed in Germany
ISBN 3-430-16227-0

Inhalt

I. Teil

Der
4-Farben-
Mensch

Elemente der Selbstverwirklichung

Sie haben sich dieses Buch gekauft (hoffentlich nicht bloß ausgeliehen). Was erwarten Sie sich davon? Fröhliche Unterhaltung, wertvolle Belehrung? Oder haben Sie von beidem schon das Bücherregal und die Nase voll?

Ist Ihnen bewußt, daß Lesen ebenso wie Fernsehen immer nur ein Erleben »aus zweiter Hand« ist? Bei beiden geschieht alles nur, »wie wenn« es wirkliches Leben wäre. Die Bilder, Handlungen und Gedanken laufen ab, »als ob« Sie dabei wären. Aber Sie stehen, wie durch eine dicke Glaswand getrennt, neben dem, was sich als das wirkliche Leben vollzieht. Sie bleiben Zaungast. Die hübsche Ansagerin lächelt genauso werbend gefühlvoll, ob einer voll Verehrung vor der Mattscheibe kniet oder zwischendurch mal auf die Toilette geht. Auch mit einem Buch ist kein wirkliches Zwiegespräch möglich. Bei vielen stehen Bücher zwar ohnehin nur als Wandschmuck auf dem Bücherbrett – hat einer aber seine Schlaflektüre gefunden, dann wird er in seinem Bett zum Weltreisenden, zum Krimihelden, zum Revolutionär, bis er es weglegt und einschläft oder Liebe macht, um endlich müde zu werden.

Weil wir uns als Leser und Autor nicht persönlich Rede und Antwort stehen können, weil genau wie beim Fernsehen kein wirklicher Dialog und keine wechselseitige Auseinandersetzung möglich ist, kann ich das, was ich bei

Ihnen und mir anstrebe – die echte Selbsterfahrung und Selbstverwirklichung mit einem Buch –, nur schwer erreichen. Darin liegt der Fluch aller Bücher. In ihnen geschieht vielleicht Ungeheures, aber nur »als ob« und »wie wenn«, nicht als gelebte Wirklichkeit. Ich möchte aus diesem Buch heraustreten und Sie fragen, warum Sie überhaupt den 4-Farben-Menschen lesen, statt mit Ihrem Partner zärtlich zu sein. Ich möchte Ihnen sagen, daß es mich zwar nicht stört, wenn Sie beim Lesen mit offenem Munde gähnen, daß Sie aber ein schlechter Partner sind, wenn Sie immer nur mich reden lassen und nicht auch selbst nachdenken oder wenn Sie keine Entscheidungen treffen und wenn Sie nicht zu handeln beginnen.

Ich will zur Sache kommen: Sie wollen ja erst einmal erfahren, wer dieser 4-Farben-Mensch ist.

Wie Sie wissen, kann man aus den 4 Farben Gelb, Rot, Blau und Grün einen ganzen, harmonisch verlaufenden Farbenkreis bilden. Der Kreis ist das Sinnbild der Ganzheit und der Harmonie.

Wie Sie auch wissen oder zumindest ahnen, vermittelt Ihnen der Anblick jeder Farbe ein bestimmtes Gefühl. Sie empfinden, daß Rot in Ihnen ein ganz andersartiges Gefühl auslöst als Dunkelblau.

Rot wirkt auf jeden Menschen, gleichgültig, wie alt er ist oder in welcher Kultur er lebt, stets erregend, stimulierend, aktivierend. Es ist Ausdruck der vitalen Kraft und des Selbstvertrauens.

Dunkelblau hingegen vermittelt immer Ruhe und Entspannung. Es entspricht dem Gefühlszustand der Befriedigung, der Zufriedenheit, der Geborgenheit (der blaue Mantel der Gottesmutter Maria) und der Selbstbescheidung.

Tannengrün, wenn es eher bläulich und eher dunkel ist, wirkt auf jeden hart und fest. Es entspricht dem

Gefühl der inneren Stabilität, der Beharrung, der Konsequenz, der Selbstbehauptung und Selbstsicherheit. Wer sich innerlich fest und sicher fühlt, hat ein gefestigtes Selbstwertgefühl.

Helles Gelb wiederum wirkt auf alle heiter, leicht, offen und weit. Es hat eine befreiende, lösende Wirkung. Darum entspricht es dem Selbstgefühl der Freiheit und der Selbstentfaltung.

Ein 4-Farben-Mensch erlebt, denkt und handelt also aus 4 Selbstgefühlen.

Diese 4 Selbstgefühle sind:

- Selbstachtung (Grün),
- Selbstvertrauen (Rot),
- Zufriedenheit (Blau),
- innere Freiheit (Gelb).

Er ist ein Mensch, der sich in allen 4 Bereichen, also in seiner Ganzheit, harmonisch verwirklicht, und auf alle Fälle ein Mensch, der sich glücklich fühlt, der viel intensiver erlebt und der das Leben faszinierend interessant findet.

Fürchten Sie nicht, daß ich Ihnen eine neue Moral andrehen will, eine Lüscher-Moral! Moralisieren und Aberglaube sind dem 4-Farben-Menschen fremd. Wir erleben die Stunde, öffnen uns den Dingen der Welt, verstehen ihre Zusammenhänge und ordnen sie ein. Wenn der Wind uns um die Nase pfeift, fühlen wir uns wohl.

Ich bin kein professoraler Stubenhocker. Mir sind die Freunde, die Geliebte, die Leckerbissen, der gekräuselte See und die Skipiste lieber als all die Illusionen, die sich um die beiden Torheiten Prestige und Prominenz herumranken.

Wirklich gelebtes Leben vollzieht sich als Wechselwirkung, in der Gemeinschaft, im Dialog, in der Auseinandersetzung zwischen Mutter und Kind, zwischen dem Angestellten und dem Chef, ja sogar zwischen dem Menschen und seiner Aufgabe, dem Gestalter und seinem Werk.

Der 4-Farben-Mensch will aus dem Leben soviel an Erkenntnis, Freude und Lust herausholen, als es zu geben vermag. »Glücklich sein«, das ist das Ziel, das der 4-Farben-Mensch anstrebt. Darin besteht der Sinn seines unwiederholbaren Lebens. Um glücklich zu sein, bringt er seinen Geist zur Entfaltung; dadurch schärft er seine Sinnesempfindungen, erlebt er die Lust aus tausend Quellen, versteht er sich selbst, seine Freunde und Gegner.

Konventionelle Vorurteile und Aberglaube, wie sie uns Staat, Religion und Wissenschaft einträufeln, finden bei ihm keinen Nährboden, weil er den Motiven wie ein Spürhund auf den Grund geht. Er ist zuerst bei sich und dann bei seiner Umwelt ein rücksichtsloser Warum-Frager. Er fragt zu Ende, bis er alles, was ihn als Problem bedrängt, dort eingeordnet hat, wo es in Wirklichkeit hingehört. Er fühlt sich erst wohl, wenn er sich von Problemen, von innerem und von äußerem Zwang soweit als möglich befreit hat.

Zwar wissen Sie noch sehr wenig über den 4-Farben-Menschen. Aber die erste Begegnung entscheidet über Sympathie und Vertrauen oder über Gleichgültigkeit, wenn nicht gar Abneigung. Paßt Ihnen der 4-Farben-Mensch nicht in den Kram, so klappen Sie hier das Buch zu, und schenken Sie es in seiner angeknabberten Keuschheit jemandem, den Sie nicht mögen.

Haben Sie aber Lust, den 4-Farben-Menschen genauer kennenzulernen und dabei für sich möglichst viel an Verständnis, an intensivem Erleben, an Freude und Lust herauszuholen, dann müssen Sie sich darüber im klaren sein: Sie verbringen nicht nur viele Stunden mit mir beim Lesen, und zwar in einer sehr persönlichen Auseinandersetzung, sondern Sie gehen das Abenteuer einer Veränderung ein.

Sie werden, während Sie mitdenken, ein anderer Mensch. Sie werden die Menschen besser verstehen, Sie werden dadurch in Ihren persönlichen, beruflichen und geschäftlichen Beziehungen wirkungsvoller und erfolgreicher. Sie werden innerlich freier und von Äußerem unabhängiger. Sie selbst verändern sich, und das wirkt sich auf Ihre Umwelt aus. Die innere Freiheit, die Sie erreichen, die Fähigkeit, sowohl zu fordern als auch zu verzichten, macht Sie unabhängig. Daher ist es wahrscheinlich, daß Sie die Beziehungen zu den Menschen neu gestalten oder daß Sie sich von Menschen, die Sie heute noch widerwillig ertragen, trennen werden.

Wenn Sie sich entschlossen haben weiterzulesen, dann gehen Sie mit mir eine geistige Freundschaft ein. Es wird ein intimes Verhältnis werden, denn ich sage Ihnen nicht irgendeine Meinung, die Sie nach Belieben für sich auslegen oder auch überlesen können, sondern ich sage Ihnen, was ich über Sie persönlich denke. Wenn ich nachher mit Ihnen z. B. den Hampelmann definiere und zufällig alles, was wir besprechen, auf Sie zutreffen sollte, dann wäre es unter Freunden wohl klar, daß ich auch Sie zu den Hampelmännern zählen würde. Ich wünsche Ihnen natürlich, daß unser Zwiegespräch Sie veranlaßt, sich in keiner Situation mehr als hilflos, sondern vielmehr als »Hans im Glück« zu fühlen, dem die gebratenen Tauben in den Mund fliegen und der aus vollem Halse lachen kann.

Gut, Sie lesen weiter. Dann möchte ich, daß wir im folgenden Text Du zueinander sagen, denn wir haben vieles miteinander vor, was aufrichtiges, gegenseitiges Vertrauen voraussetzt, und außerdem: Du gefällst mir, weil Du weiterliest und keine selbstgefällige Mimose und keine langweilige Trantüte, aber auch kein eingebildeter Besserwisser und kein autoritätsgläubiger Hampelmann zu sein scheinst. Aber schließlich hast Du das Buch ja nicht gekauft, um von mir geduzt zu werden, sondern weil Du den 4-Farben-Menschen auf Herz und Nieren prüfen möchtest. Darum will ich nun zur Sache kommen.

Du möchtest wahrscheinlich wissen, warum ich ihn »Farben-Mensch« nenne. Unter »Ellenbogen-Mensch«, »Bauch-Mensch«, »Geld-Mensch« könntest Du Dir wahrscheinlich eher etwas vorstellen.

Ganz sicher möchtest Du auch wissen, warum es gerade der 4- und nicht ein 2- oder ein 17-Farben-Mensch ist.

16

Die 4-heit

Daß es gerade 4 Farben sind, hat denselben Grund wie die Tatsache, daß es 4 Himmelsrichtungen, 4 Jahreszeiten und Stadt-Viertel gibt. Die 4-heit ist in unserem Denken begründet. Es sind 4 Denkkategorien, die wir auf das anwenden, was wir zu verstehen versuchen. Wenn wir etwas beurteilen möchten, dann teilen wir, was ursprünglich als Einheit erscheint, zunächst in Gegensätze: z. B. Mensch in Mann und Frau. Eine Beurteilung entsteht also durch Unterscheidung zweier Gegensätze. Jede Beurteilung wird noch treffender, wenn nach der ersten Gegensatzunterscheidung noch eine zweite erfolgt. 2 mal 2 ergibt 4. So entstehen 4 »Elemente« oder 4 Denkkategorien oder 4 Typen. Hier einige Beispiele. Zur Verdeutlichung setze ich die entsprechende Farbe dazu:

Die 4 Elemente:	Feuer	entspricht Rot
	Wasser	entspricht Blau
	Luft	entspricht Gelb
	Erde	entspricht Grün

Die 4 Temperamente:	cholerisch	entspricht Rot
	phlegmatisch	entspricht Blau
	sanguinisch	entspricht Gelb
	melancholisch	entspricht Grün

So sind auch die 4 Typen von C. G. Jung, Erich Fromm, Karen Horney, V. E. Frankl, F. Riemann und vielen andern zu verstehen. Ja selbst S. Freud meint genau dieselben Kategorien mit:

phallisch (entspricht Rot)
oral (entspricht Blau)
anal (entspricht Grün)

Und natürlich wäre auch er auf die 4-heit gekommen, wenn er nicht die Freudsche Fehlleistung begangen hätte, einen wichtigen erotischen Bereich, die visuelle Erotik, die dem Gelb entspricht, zu vergessen. Weil also die 4-heit in der Natur des menschlichen Denkens liegt, spreche auch ich von 4 Farben. Mehr über die Begründung der 4-heit und über die Psychologie der 4 Grundfarben findest Du im letzten Teil des Buches (ab Seite 183) und besonders in meinem Buch »Das Harmoniegesetz in uns – Ein neuer Weg zu innerem Gleichgewicht und sinnerfülltem Leben« (ECON Verlag, Düsseldorf 1987). Was an dieser Stelle wichtig ist zum Verständnis des 4-Farben-Menschen, fasse ich noch einmal in Stichworten auf der folgenden Tabelle zusammen.

Zu den 4 Farben füge ich die ihnen entsprechenden Empfindungen und das Verhalten hinzu. Am meisten aber liegt mir an den 4 Selbstgefühlen, die von diesen 4 Farben unbewußt angesprochen werden. Wichtig ist, daß Du empfindest, was die Farbe ausdrückt, und spürst, daß das zugehörige Selbstgefühl diesem selben Stimmungszustand entspricht, daß also Rot als Aktivität dem Selbstgefühl der Stärke und des Selbstvertrauens entspricht oder daß Dunkelblau als Ruhe und Befriedigung mit dem Gefühl der Selbstbescheidung übereinstimmt. Die 4 Selbstgefühle sind die 4 Schlüssel, mit denen Du Dir den Himmel auf Erden erschließen kannst. Es sind die 4 Himmelsrichtungen Deiner Innenwelt. Es sind die 4 normalen Selbstgefühle, die Du für Dein inneres Gleichgewicht um jeden Preis und in jeder Lebenslage wie Zügel fest im Griff haben mußt. So kannst Du im Sattel bleiben und Dich selbst verwirklichen, was ich Dir, so gut wie mir, von ganzem Herzen wünsche. Die Lebenskunst des 4-Farben-Menschen besteht in der virtuosen Anwendung dieser 4 Fähigkeiten, also dieser 4 Selbstgefühle.

Farbe	Empfindung	Verhalten	Selbstgefühl
Rot	bewirkt Erregung	und Aktivität,	also Selbstvertrauen (Eigenkraftgefühl)
Blau	bewirkt Ruhe	und Befriedigung,	also Zufriedenheit (Einordnung)
Grün	bewirkt Festigkeit	und Beharrung,	also Selbstachtung (Identität)
Gelb	bewirkt Lösung	und Veränderung,	also Freiheit (Selbstentfaltung)

Die 4 Selbstgefühle werden Dir vorläufig noch abstrakt oder gar unverständlich erscheinen, aber ich will Dir gleich erklären, wie sie zu verstehen sind.

19

Die 4 Selbstgefühle

Grün: die Selbstachtung

Du kannst von Dir das Gefühl haben, Du seist ein ganz besonders herrlicher Vogel, z. B. ein Pfau unter den Künstlern, ein Pfau unter den Managern, unter den Politikern, unter den Wissenschaftlern, unter den schönen Frauen – oder das größte Schaf im Schaf-Set oder der Meister irgendeiner Zunft.

Dieses Selbstwertgefühl heißt dünkelhafter Stolz. Jedes übertriebene Selbstwertgefühl nennen wir künftig *Selbstüberschätzung*.

Was meinst Du, was das Gegenteil der Selbstüberschätzung sei? Sag nicht einfach: das Minderwertigkeitsgefühl. Davon gibt's mehrere Sorten.

Wenn einer wie ein bibbernder Prüfling die Augen schamhaft niederschlägt, sobald er den Duft der Lust oder des Erfolges wittert, dann leidet er unter *Selbstzweifeln*. Kann man das vermeiden?

Der 4-Farben-Mensch ist vernünftig, er überschätzt sich nicht, und er leidet nicht unter Selbstzweifeln. Sind das nicht nur fromme Wünsche, die ich an den Weihnachtsbaum hänge? Du hast recht. Nur dadurch, daß ich Zusammenhänge verstehe, wird mein Selbstgefühl noch nicht verändert. Ich habe aber auch nicht angenommen, Du kämest als fertiger 4-Farben-Mensch auf die Welt.

Das normale Selbstwertgefühl, die Selbstachtung, ist das Endprodukt Deines Bemühens um Echtheit und Wahrhaftigkeit gegenüber Dir selbst. Wenn Du Dich so verhältst, wie es Deine Überzeugung von Dir verlangt, dann fühlst Du, daß Du wahrhaft und echt, daß Du also Du selbst bist. Du fühlst Deine *Identität,* wie man heute zu sagen pflegt. Das ist die *Selbstachtung.*

Der 4-Farben-Mensch ist bestrebt, sich getreu seiner Überzeugung zu verhalten und nach seinem »besten Wissen und Gewissen« zu handeln. »Tue recht und scheue niemand«, heißt der bekannte Wahlspruch, der die souveräne Selbstachtung des 4-Farben-Menschen ausdrückt. Er ist ein Edelmann und fühlt sich als Herr seiner Innenwelt. Sein stetes Bemühen, die Wahrheit zu suchen und ihr zu entsprechen, also seiner Überzeugung treu zu sein, gibt dem 4-Farben-Menschen das Gefühl der Echtheit, das Gefühl seines eigenen Wertes, seiner *Selbstachtung* oder *Identität.*

»Noblesse oblige«, Adel verpflichtet. Der berühmte »kategorische Imperativ« von Immanuel Kant meint dasselbe. Als Philosoph war er in der Lage, diesen Leitsatz so zu formulieren, daß er für alle Handlungen gilt: Handle nach solchen Grundsätzen, die jederzeit zugleich für eine allgemeine Gesetzgebung gelten könnten.

Wer nach solchen Grundsätzen lebt, wer sich von einer solchen Überzeugung leiten läßt, wer so entscheidet und handelt, besitzt den echten Adel. Wer sich der Echtheit verpflichtet fühlt, wer seine Identität erfüllt und der Selbstachtung genügt, den nennen wir künftig einen »Edelmann«.

Gelb: die Freiheit

Ein anderes Selbstgefühl verkörpert »Hans im Glück«.
Du erinnerst Dich: Hans hat für seine treuen Dienste
von seinem Herrn einen Goldklumpen zum Lohn erhalten. Weil ihm das Gold beim Wandern beschwerlich wurde, hat er es gegen ein Pferd eingetauscht – und war sehr
glücklich. Weil ihn das Pferd abwarf, hat er es gegen eine
Kuh eingetauscht – und war sehr glücklich. Weil ihm die
Kuh beim Melken einen unglückseligen Tritt versetzte,
tauschte er sie gegen ein Schwein – und war sehr glücklich. Dieses gegen eine Gans und die Gans gegen einen
schweren Schleifstein, den er aber zum Glück in den
Brunnen fallen ließ, als er trinken wollte. Leichten Herzens, frei von jeder Bürde, kam er glücklich zu Hause
an. Hans im Glück ist Sinnbild des Menschen, der sich
frei und unabhängig fühlt, der jeden Besitz preisgeben
kann und unter allen Möglichkeiten diejenige wählt, die
ihm die beste zu sein scheint und ihn daher glücklich
macht.

Daß Hans an äußeren, materiellen Werten immer
mehr verliert, soll ausdrücklich zeigen, daß sich nur derjenige frei und unabhängig fühlen kann, der nicht an
irgendeinem Besitz hängt. Für Hans im Glück zählt
nicht der materielle Wert, sondern der persönliche. Er
nimmt unter allen Möglichkeiten diejenige wahr, die für
seine Situation die beste ist und ihm dadurch am meisten
Freude macht.

In der inneren Freiheit, in der Unabhängigkeit, in der
Fähigkeit, gegebene Möglichkeiten wahrzunehmen,
Kontakte zu knüpfen, Beziehungen zu vertiefen, alles
Schöne zu erleben, den Geldwert in Erlebniswerte
umzumünzen: darin verwirklicht sich die Freiheit und
Selbstentfaltung des 4-Farben-Menschen.

Auch hier stehen der normalen Freiheit und Selbstentfaltung sowohl eine abnorme Übertreibung als auch eine Untertreibung gegenüber. Durch Übertreibung wird die Unabhängigkeit zur illusionären *Selbstflucht,* zur Unverantwortlichkeit (»Das geht mich nichts an«). Solche Menschen argumentieren gern mit einer Schein-Sachlichkeit, um sich der Verantwortung zu entziehen. Ihr Lieblingswort heißt »man«. »Da kann man nichts machen.«

Das ebenfalls abnorme Gegenteil verkörpern die Überverantwortlichen. Sie leiden unter dem Zwang der Perfektion. Sie belasten sich mit eingebildeten Schuldgefühlen, mit Selbstbeschuldigungen und verkrampfen sich in ihrem *Selbstzwang.* Sie denken und sagen: »Ich muß unbedingt . . .«

Rot: das Selbstvertrauen

Du kennst Robinson Crusoe, der, als Schiffbrüchiger auf einer Insel ganz auf sich selbst angewiesen, sich ein neues Leben zurechtgezimmert hat. Wenn Du selbst als Junge oder als Vater mit Deinen Kindern mit Zelt und Kochtopf losziehst, ja selbst wenn Du nur im Freien Fleisch am Feuer brätst, kommst Du Dir wie ein kleiner Robinson vor.

Robinsone gibt es nicht nur auf einsamen Inseln, sondern auch in Industrieunternehmen, bei der Katastrophenhilfe, bei wagemutigen Forschungs- und Entwicklungsprojekten. Robinsone sind alle, die den Mut haben, etwas Unbekanntes zu wagen. Wer aus eigener Initiative eine für ihn neue Aufgabe zu meistern versucht, wer zum erstenmal einen Radwechsel am Auto macht, wer zum erstenmal eine Reise in fremde Länder selbst organisiert, wer einen Einfall hat und all seine

Kraft und Fähigkeiten einsetzt, um ihn zu verwirklichen, in dem fließt das Pionierblut eines Robinson. Durch jede große oder kleine Tat, bei der Du ein großer oder kleiner Robinson bist, wächst und festigt sich Dein Selbstvertrauen.

Selbstvertrauen ist ein weiteres, drittes Selbstgefühl des 4-Farben-Menschen. Er hat Vertrauen in seine Fähigkeiten und in seine körperliche und geistige Leistungskraft. Warum? Nicht, weil er sich irgendwelches Können einbildet, sondern weil er durch seine Aktivität und tatsächliche Leistung von sich erfährt, welches seine wirklichen Fähigkeiten sind. Für ihn sind Lorbeeren keine Daunenfedern zum Ausruhen. Er erfährt sich in seiner eigenen Kraft und seinen Fähigkeiten nur in einer Leistung, die ihm so viel abverlangt, daß er sich zwar nicht überfordert, aber vor allem auch nicht unterfordert. Durch Leistungsbereitschaft und Gefordertsein gewinnt der 4-Farben-Mensch das Selbstvertrauen, das zu seiner Selbstverwirklichung notwendig ist.

Wer sich wie »das tapfere Schneiderlein« wichtig tut, dem geht das normale Selbstvertrauen ab. Als Aufschneider und Angeber will er sich ständig übersteigern. Im Imponieren-Wollen und in der Wichtigtuerei (»Da werden die anderen große Augen machen«) äußert sich die *Selbstübersteigerung.*

Umgekehrt entsteht ein Mangel an Selbstvertrauen bei jedem, der sich unterfordert. Frauen, die sich auf die Zeitschriftenlektüre, die Kreuzworträtsel-Intelligenz und die Staublappenwissenschaft beschränken, oder Männer, die ihren Bildungshorizont mit nichts anderem als den Namen von Sporthelden erweitern, unterfordern sich und schwächen ihr Selbstvertrauen. Sie bedauern sich, weil sie nichts erreichen, und erschöpfen sich im *Selbstmitleid* (Erschöpfungsdepression).

Blau: die Zufriedenheit

Im Jahre 323 vor Christus starb in Korinth ein Mann, den Du kennst. Er hat sich weder durch Reichtum noch durch Macht, noch durch eine Erfindung Weltruhm erworben. Sein Ideal war das Gegenteil jeder Art von Prestige. Was er erstrebte, war geistige und materielle Unabhängigkeit. Diogenes von Sinope war geistreich, derbwitzig, schlagfertig und willensstark. Er hätte die Fähigkeiten gehabt, ein erfolgreicher Kaufmann oder Politiker zu werden. Er soll aber in einer Tonne gewohnt und als er sah, daß ein anderer aus der hohlen Hand trank, sogar auf seinen Becher verzichtet haben. Als Alexander der Große Diogenes fragte, ob er einen Wunsch habe, den er ihm erfüllen könne, bat ihn Diogenes, er möge zur Seite treten, weil er ihm in der Sonne stehe.

Diogenes kennen wir als Lebensphilosoph aus der Gruppe der Kyniker. Wieviel oder wie wenig an den Anekdoten auch wahr sein mag, sicher ist, daß Selbstbescheidung und Zufriedenheit die Weisheiten waren, die er lehrte und die ihn unsterblich machten.

Die Zufriedenheit ist ein 4. Selbstgefühl, das der 4-Farben-Mensch so nötig hat wie die drei anderen. Er unterordnet sich nie einem Joch, aber er ordnet sich jederzeit in die gegebenen Möglichkeiten ein. Er besitzt nicht nur das Selbstvertrauen, um zu fordern, er hat auch die Kraft und das nötige Selbstwertgefühl, um verzichten oder hergeben zu können. Wenn die Einsicht in die Verhältnisse ihn erkennen lassen, daß Hilfe nötig ist, dann wird der unheilige 4-Farben-Mensch seinen Mantel wie der heilige Martin mit dem Armen teilen. Er ist durch seine Zufriedenheit bescheiden, friedliebend und fürsorgend.

Die Abnormität der übertriebenen Bescheidenheit ist die Selbstverleugnung, die *Selbstpreisgabe* und auch jede Selbstaufopferung. Echte Hilfe hingegen wird nicht als Aufopferung empfunden. Die unechte Bescheidenheit ist dem 4-Farben-Menschen zuwider, weil er ihre heuchlerische, oft sogar erpresserische Unehrlichkeit durchschaut (»Ich tue alles nur deinetwegen«). Ebenso ist die *Selbstunzufriedenheit,* die ständige Angst, zu kurz zu kommen, die dauernde Gier nach mehr ein ihm fremdes Bedürfnis; denn er lebt in der Fülle, nicht in der Leere; er lebt in der Gegenwart und nicht in einer illusionären Zukunft. Darum ist er weder neidisch noch eifersüchtig.

Die Selbstbewertung

Die Normalität und die Selbstverwirklichung des 4-Farben-Menschen bestehen in der Kunst, mit diesen 4 Selbstgefühlen im inneren Gleichgewicht zu bleiben.

Selbsteinschätzung	Symbolfarbe
Selbstachtung (»Edelmann«) (Echtheit, Überzeugungstreue, »Identität«, das Verhalten entspricht der Überzeugung)	Grün
Freiheit (»Hans im Glück«) (die gegebenen Möglichkeiten wahrnehmen; Unabhängigkeit)	Gelb
Selbstvertrauen (»Robinson«) (Bereitschaft zur Leistung; Anwendung der eigenen Kräfte und Fähigkeiten)	Rot
Zufriedenheit (»Diogenes«) (Einordnung in die gegebenen Möglichkeiten; Bereitschaft, zu verzichten und zu geben)	Blau

Es gibt, wie wir in den letzten Kapiteln gesehen haben, zu jedem der 4 normalen Selbstgefühle noch eine abnorme Selbstüberbewertung und eine abnorme Selbstunterbewertung.

Wer sich überbewertet und wer sich abwertet, zerstört sein inneres Gleichgewicht. Überbewertung und Abwertung verkrüppeln unser Selbstgefühl. Die Abwertung äußert sich als Selbstunsicherheit und Selbstzweifel, als Minderwertigkeitsgefühl, als Depression oder Angst. Die Selbstüberbewertung zeigt sich als arrogante Überheblichkeit oder als Prahlerei und Angeberei. Sie kann auch als gönnerhafte Wohlgefälligkeit oder als illusionäre Phantasterei auftreten. Wichtig ist, zu verstehen, daß sich die Selbstüberbewertung und die Selbstunterbewertung gegenseitig erzeugen und gegenseitig steigern.

Wer selbst unsicher ist, gibt sich gern vor anderen den Anschein der Sicherheit. Darum benimmt er sich übertrieben selbstsicher. Er verhält sich selbstherrlich oder selbstgerecht und arrogant. Zugleich fühlt er sich ständig unsicher, weil er nie weiß, ob ihn die anderen in seiner überheblichen Pose ernst nehmen. Mit der Überheblichkeit läuft also der Selbstzweifel so parallel wie zwei Wagenräder auf derselben Achse. Überheblichkeit und heimliche Selbstzweifel gehören zusammen wie die Außen- und Innenseite einer Hohlkugel. Beide zerstören die Selbstachtung. Was ist die Folge?

Wer sich illusionären Hoffnungen hingibt, muß befürchten, daß sich seine Wünsche nicht erfüllen. Die Illusionen des Phantasten werden immer wieder enttäuscht. Weil er allmählich ahnt, daß sich seine illusionären Wünsche nicht erfüllen, wird er ängstlich und steckt voller Sorgen. Zu der inneren Freiheit eines Hans im Glück ist er nicht fähig.

Der Prahlhans weiß, daß nichts hinter seiner provozierenden Angeberei steckt. Darum kann er kein Vertrauen zu sich haben. Er zerstört sein Selbstvertrauen. Um seine heimliche Schwäche oder Feigheit zu überspielen, prahlt er und übertreibt. Er wird zum Angeber und Wichtigtuer. Wirkliche Leistungen, die ein echtes Selbstvertrauen erzeugen, interessieren ihn immer weniger.

Der gönnerhaft Wohlgefällige gibt sich bescheiden. Er spielt den Gutmütigen und ist mit Worten hilfsbereit. Wenn Du Dich aber auf seine Worte verläßt, bist Du angeschmiert. Er will sich nur beliebt machen, um an Ansehen zu gewinnen, oder er will sich einschmeicheln, um einen Vorteil zu erlangen. Das kann ein materieller Gewinn oder häufig nur ein Vorteil an Bequemlichkeiten sein. Wenn sich der gönnerhaft Wohlgefällige am Telefon meldet, zieht er die Endsilbe seines Namens aus der sonoren Tiefe so in die Höhe, als ob er einen Blumenstrauß entgegenhalten wollte. Die Scheinfreundlichkeit führt zu keiner befriedigenden Beziehung. Sie bleibt für beide Seiten leer und ist – wenn man sich darüber Rechenschaft gibt – enttäuschend. Das führt zur inneren Einsamkeit und dazu, das gönnerhaft wohlgefällige Werben noch zu verstärken.

Ich möchte Dich bitten, darüber nachzudenken, bei welchem Deiner Bekannten Du solche Selbstgefühle beobachtest. Wen kennst Du, der sich in dünkelhaftem Stolz selbst überschätzt, oder wen kennst Du, der unter geheimen Selbstzweifeln leidet und deswegen blasiert erscheint? Versuche, zu diesen Selbstgefühlen einige Deiner lieben Mitmenschen zuzuordnen!

Und wo stehst Du selbst? Hast Du Dich bei der Selbstüberbewertung oder Selbstunterbewertung wiedergefunden? Oder rechnest Du Dir die 4 normalen Selbstgefühle zu?

Welche der normalen Selbstgefühle sind bei Dir gut entwickelt? Bei welchen aber rutschst Du in die Selbstüberbewertung oder Selbstunterbewertung aus?

Fällt Dir auf, wie schnell und leicht Du bei einem anderen das Gefühl hast, er sei ein wichtigtuerischer Angeber oder er sei ein gutmütiger Engel? Du brauchst Dich nicht länger darüber hinwegzutäuschen, daß auch die anderen spüren, ob Du Dich überschätzt, ob Du Dich unterbewertest oder ob Du bescheiden bist. Deine Worte, Deine Stimme, Deine Augen, Deine Gestik, Deine Kleidung und hundert andere Signale nimmt jeder unbewußt auf. Diese Äußerungen registriert jeder Erwachsene, jedes Kind, jeder Hund und ordnet sie intuitiv zu einem Urteil. All die »Signale der Persönlichkeit« verraten nicht nur, wer Du sein möchtest, sondern auch, wie Du Dich in Wirklichkeit fühlst; sie offenbaren Dein Selbstgefühl.

Schalte z. B. beim Fernseher den Ton ab, wenn einer spricht, oder beobachte Menschen, die Dir unbekannt sind. Versuche aus Mimik und Gestik und der Gangart zu erkennen, wie die 4 Arten der Selbstgefühle bei diesem Menschen gelagert sind. So lernst Du, auf Deine Empfindungen zu horchen und Dir ein immer bewußteres und klareres Urteil über Menschen zu bilden.

Vielleicht gibt es wirklich keine Fähigkeit, die wichtiger und nützlicher ist als dies: Menschen richtig zu erkennen und zu verstehen.

Nun, mein lieber 4-Farben-Mensch, bist Du ein 4-Farben-Mensch? Natürlich hast Du das Zeug dazu, sofern Du den Mut zur rücksichtslosen Ehrlichkeit Dir selbst gegenüber aufbringst.

Du fragst: »Ist der Lüscher selbst ganz ehrlich? Ist er selbst zu dem fähig, was er von mir erwartet? Wer ist schon mit sich vorbehaltlos ehrlich?«

Mach's wie ich: Bemüh Dich drum und gib nicht auf! Denn: Ehrlichkeit und all die anderen Eigenschaften, von denen wir jetzt gesprochen haben, sind keine Trophäen, die man sich ein für allemal erworben hat und die man fürderhin in seiner moralischen Botanisierbüchse mit sich herumtragen kann.

Deine und meine Ehrlichkeit hängen davon ab, inwieweit wir auch in schwierigen Situationen das innere Gleichgewicht zu behalten vermögen. So verhält es sich mit allen Eigenschaften. Alle Eigenschaften und Fähigkeiten sind nur dann und nur so lange wirksam, wie Du sie anwendest. Also tu's! »Heut ist der erste Tag vom Rest Deines Lebens.«

Die Besonderheit des Menschen: sein inneres Gleichgewicht

Selbst wenn Du sie noch nie in Worten ausgesprochen hast, stellst Du Dir doch immer wieder die Frage:»Wer bin ich eigentlich?«Du weißt, daß außer Dir noch vieles Lebendige auf der Erde umherläuft, schwimmt und fliegt. Du betrachtest Dich als etwas Besonderes. Du bist stolz darauf, ein Mensch und nicht bloß ein Regenwurm zu sein. Worin besteht denn die Besonderheit des Menschen?

Die Biologen sehen im aufrechten Gang des Menschen etwas Besonderes. Zugegeben, das spart uns ein zweites Paar Schuhe. Aber ist das der Grund, warum der Mensch ein Besonderer sein soll? Der Mensch besitzt als einziger eine Sprache, behaupten wiederum die Biologen, obwohl sie wissen, daß nicht nur die Vögel sich Lock- und Warnrufe zuzwitschern, sondern daß selbst Wale tief im Meer miteinander Zwiegespräche führen. Der Mensch hat besonders entwickelte Hände und ein besonders entwickeltes Gehirn, argumentieren andere. Gelassen würde ein Hund entgegnen:»Und ich habe eine besonders entwickelte Nase.«Du weißt von der Giraffe, daß sie einen besonders langen Hals hat; Du weißt, daß der Falke ein besonders scharfes Auge hat; Du weißt, daß die Gazelle besonders schnell springen kann, und Du weißt auch, aus dem Religionsunterricht, daß der Mensch ein besonders Besonderer ist.

Da die Religion Dich nicht wissen, sondern glauben lehrt, glaubst Du, daß der Mensch aus einem bestimmten Grund ein besonders Besonderer sei. Du hast gehört, daß manche besonders Besonderen in die Hölle kommen, daß aber die besonders guten Besonderen immerdar im Himmel jubilieren.

Also, was ist – neben all seinen körperlichen Nachteilen – das Besondere am Menschen gegenüber den anderen Säugetieren?

Wo sich die Naturwissenschaft schwertut, die entscheidende Besonderheit des Menschen gegenüber dem Tier überzeugend herauszufinden, erledigt die christliche Religion das Problem mit dreister Eleganz: Das Besondere am Menschen gegenüber allen anderen Lebewesen sei, daß er als einziges beseeltes Wesen im Jenseits entweder in die Hölle oder in den Himmel komme.

Genau das macht in der Tat das Besondere des Menschen gegenüber allen anderen Wesen aus: Er lebt entweder in der Hölle oder im Himmel. Es ist aber nicht die jenseitige, sondern die alltägliche Hölle seiner konflikthaften Selbsteinschätzung, in der der Mensch lebt, es sei denn, er komme als 4-Farben-Mensch ins innere Gleichgewicht und fühle sich im Himmel auf Erden: Darin, daß Du in Deinem wirklichen Leben zwischen Himmel und Hölle wählen kannst, darin liegt die Besonderheit des Menschen.

Tiere empfinden die Umwelt vermutlich viel wacher und differenzierter als der Mensch. Dagegen beurteilt und bewertet der Mensch sein Ich, seine Position gegenüber seinem Mitmenschen sicherlich viel wacher und differenzierter als das Tier.

In den unentwegten positiven oder negativen Selbsteinschätzungen, in der Selbst-Bewußtheit, besteht die

Besonderheit des Menschen, seine Hölle und sein Himmel. Solchen Selbsteinschätzungen und Selbstgefühlen, die der inneren Verfassung entstammen, scheinen Tiere nicht zu unterliegen. Daher kommen sie auch nicht in den Himmel oder in die Hölle der Selbstgefühle. Für den Menschen sind sie unausweichlich. Er hat mit ihnen zu leben.

Wir 4-Farben-Menschen überlassen den Himmel über der Erde den »Engeln und den Spatzen«, aber in unserem irdischen Himmel wollen wir uns breit machen und unsere Feste feiern.

Als 4-Farben-Mensch kennst Du die 4 Himmelsrichtungen, die Du zur Selbstverwirklichung auszuschreiten hast. Du bemühst Dich, als Edelmann nach der königlichen Devise »Noblesse oblige« zu entscheiden, als Robinson neue Pfade zu gehen, als Diogenes lächelnd zu verzichten und als Hans im Glück Deine Unabhängigkeit zu wahren. Wirklich im Himmel aber fühlst Du Dich erst, wenn diese vier Herren sich nicht nur bester Gesundheit und geistiger Frische erfreuen, sondern zugleich auch gut miteinander auskommen und zueinander in einem harmonischen Gleichgewicht stehen.

Die Besonderheit des 4-Farben-Menschen ist also, daß er sich im Himmel seiner Selbstverwirklichung fühlt, wenn er das innere Gleichgewicht unter den 4 Selbstgefühlen gefunden hat.

Die meisten wissen, wo sie ihre Zahnbürste, ihr Portemonnaie, ihre Schnapsflasche oder ihre sexuelle Befriedigung finden. Wo sie aber ihr inneres Gleichgewicht finden, ist vielen nicht einmal als Frage bekannt.

Da Du ohne das innere Gleichgewicht nur ein 1- oder 2-Farben-Mensch sein kannst und damit die Chance, wirklich glücklich zu sein, vertust, wirst Du Dich fragen:

»Wie finde ich mein inneres Gleichgewicht?« Es gibt zwei verbreitete Ausreden für das fehlende Gleichgewicht und das Leben in der Hölle. Manche meinen, der Mensch sei das Produkt seiner Erbmasse. Andere meinen, der Mensch sei das Produkt der Erziehung und der Umwelteinflüsse, der sozialen und wirtschaftlichen Verhältnisse, in denen er lebt. Je nach Belieben werden bald die Erbmasse, bald das Milieu und seine sozialen Einflüsse als maßgebend für das Wesen eines Menschen betrachtet. Sicher spielen beide eine Rolle, entscheidend aber ist etwas Drittes.

Es liegt mir viel daran, Dir ganz deutlich zu zeigen, was dieses Dritte ist. Ich weiß durch statistische Untersuchungen mit dem Farbtest, daß in unseren Verhältnissen mindestens 65% der erwachsenen Menschen ihr Leben grundlegend verbessern könnten, wenn sie die wichtige Bedeutung dieses Dritten erkennen würden.

Zugleich weiß ich aber, daß ich Dich genaugenommen nichts lehren kann, was nicht schon längst als Erfahrung in Dir vorhanden ist. Ich kann Dich also nur dazu veranlassen, Dir Deine eigene Erfahrung klar zum Bewußtsein zu bringen und sie richtig einzuordnen.

Da ein Bild mehr sagt als tausend Worte, will ich Dir dieses Dritte mit einem Symbolbild näherbringen: Kannst Du Dich an die Zeit erinnern, da Du radfahren lerntest?

Zunächst mußte ein Fahrrad zur Verfügung stehen. Dieses technische Vehikel wollen wir mit dem Körper und der biologischen Erbmasse vergleichen. Auch bei Fahrrädern gibt es leichte Rennräder und massive Gestelle. Auch bei Fahrrädern gibt es attraktive, elegante und rostig verbogene. Auch Fahrräder können Fabrikfehler haben, was einer schlechten oder kranken Erbmasse entspräche. Die Straßenverhältnisse wollen wir mit der sozialen und wirtschaftlichen Situation vergleichen, in der Du zu leben hast. Es gibt glatte und holprige Straßen; solche, die mit Schlaglöchern ständig Überraschungen bieten; solche, die steil oder mühsam bergauf führen, und andere, die so abschüssig sind, daß Dir die Bremsen heißlaufen oder Deine Talfahrt halsbrecherisch wird.

Das wichtigste von allem aber bist Du selber, der Radfahrer. Man hat Dir gezeigt, daß Du das Pedal treten mußt, um das Fahrrad anzutreiben. Das wollen wir mit der täglichen Aktivität vergleichen. Wer nicht antreibt, wer nicht aktiv ist, fällt auf die Nase! Wer plötzlich und rasant mit einem sogenannten Kavalierstart losbrausen will, riskiert, mit dem Hinterrad wegzurutschen und seine Kavalierslaufbahn auf dem Bauch zu beenden.

Man hat Dir auch gezeigt, wie Du geradeaus und nach links oder rechts lenken kannst. Das Lenken wollen wir mit der Absicht vergleichen, bewußt auf ein bestimmtes Ziel hinzusteuern.

All das kann Dir ein beliebiger Lehrer leicht vorzeigen, damit Du es nachahmst. Du weißt aber, daß Dich das beste Fahrrad (Erbmasse), die günstigsten Straßenverhältnisse (soziale Bedingungen) und auch das Antreiben (Aktivität) und das Lenken (Zielsetzungen) keinen Meter weit voranbringen, wenn Du nicht eine Voraussetzung erfüllst, die Dich kein Meister zu lehren vermag. Niemand kann Dir nämlich beibringen, wie Du Dich im Gleichgewicht halten kannst. Das mußt Du ganz allein aus Dir selbst heraus entdecken. Wohl kann der Lehrer neben Dir herrennen und Dich am Sattel im Gleichgewicht halten. Aber das ist auch die einzige Hilfe, die er Dir bieten kann. Bis zu dem Augenblick, wo das Erlebnis Dich überkommt: »Ich hab's! Ich kann's!«

Plötzlich fühlst Du, daß Du im Gleichgewicht bist und wie Du das Gleichgewicht halten kannst. Jetzt bemühst Du Dich, dieses Gefühl beizubehalten oder es wiederzufinden, falls Du aus Deinem Gleichgewicht gefallen bist. Mein lieber 4-Farben-Mensch, weißt Du, was ich Dir mit diesem Gleichgewichtserlebnis sagen will? Dein Gleichgewicht hast Du als Kleinkind beim Gehenlernen finden müssen, und Du mußt es jedesmal, wenn Du eine neue Körpertechnik lernst, sei es Skifahren, Ballett-Tanz oder die Führung des Violinbogens, neu erwerben. Ebenso wie bei den Körpertechniken mußt Du auch geistig-seelisch danach trachten, Dein inneres Gleichgewicht in der Stunde höchsten Glücks und in der Stunde Deines Todes in den Griff zu bekommen. Es ist dieses Dritte, das innere Gleichgewicht, was das wesentlich Besondere des Menschen, das Menschliche, ausmacht.

Sitzt Du fest im Sattel und findest Du Dein Gleichgewicht zu jeder Stunde und in allen Lebenslagen, dann hast Du das Rüstzeug zum Vollblut-4-Farben-Menschen beisammen.

Bekanntlich hat der liebe Gott sein Sechstagewerk mit dem Menschen beendet. Wir sind also Samstags- und Sonntagskinder. Das spürt der eine an der Bandscheibe, der andere muß seinem Leben auf Plattfüßen nachlaufen. Unser Körper ist bekanntlich nicht immer das beste Vehikel. Ob Du die Kraft und Gesundheit eines Herkules und die Schönheit eines Adonis oder eher einer Bulldogge hast, ist Glücks- oder Unglückssache. Du mußt Dich damit abfinden. Das Fahrrad ist zwar Dein eigenes. Dein Körper ist Dir mit seiner ganzen Klapprigkeit zur Verfügung gestellt. Du weißt sehr wohl, daß Dein Leib nicht mehr als jener Teil Deiner Umwelt ist, der Dir am nächsten steht. Nur Frauen und Männer, deren Schönheit ihre Intelligenz noch übertrifft, glauben zuweilen, sie selbst seien das attraktive Gestell. Für uns jedoch bleibt der Körper ein Stück Außenwelt. Dasjenige, das uns am meisten Sinneslust und Schmerzen bereitet.

Aber nicht nur aufs Fahrgestell kommt es an, auch die Straßenverhältnisse, also die Umweltbedingungen, bilden unsere Außenwelt. Je nachdem, ob Dich der Storch in eine Wiege mit einem Strohsack oder mit einem Geldsack hat fallen lassen, verläuft wenigstens das erste Drittel Deines Lebens entweder in Dur oder in Moll. Ob Du als Junge oder als Mädchen, als Ältestes unter Geschwistern oder als Jüngstes auf Kiel gelegt wurdest, kann darüber entscheiden, ob Du im Leben Matrose oder Kapitän wirst und ob Du Dein Leben im Sturm oder in der Flaute segeln mußt.

Mußt Du Deine besten Jahre einem sinnlosen Krieg opfern, oder nimmt die Intoleranz bei den Anarchisten oder Faschisten, bei den Schwarzen oder Roten, bei den Christen oder Antichristen überhand, dann kannst Du froh sein, wenn Du Deinen Weg noch findest.

Mein lieber 4-Farben-Mensch, Du hast zwar ein paarmal gelacht, aber Du weißt, wie ernst es mir mit dem Fahrrad-Gleichnis ist. Und ich will Dir gestehen, daß ich richtigen Bammel hatte, ich vermöchte es Dir nicht anschaulich genug darzustellen. Denn wenn Dir die Sache mit dem Gleichgewicht nicht zu einem starken Erlebnis geworden wäre, wenn Du Dir nun nicht sagen würdest: »Klar, ich muß auf jeden Fall im Sattel bleiben, auch wenn's Katzen hagelt«, dann überkäme mich das Gefühl wie seinerzeit in der Schule, wenn es hieß: »Lüscher, diesmal leider wieder ungenügend.«

So wie's gelaufen ist, habe ich aber ein gutes Gefühl, und ich freue mich, mit Dir die nächste Festung, die Frage: Was ist normal? in Angriff zu nehmen.

Der normale Mensch

Jeder Mensch muß sich jederzeit mit zwei Realitäten auseinandersetzen: mit seiner Außenwelt und mit seiner Innenwelt. Ganz im Zentrum dieser Innenwelt versucht ein Bestimmter, nämlich genau derjenige, der zu sich ICH sagt, im Gleichgewicht zu bleiben und fest im Sattel zu sitzen.

Du brauchst aber nicht weit zu suchen, überall um Dich herum findest Du Ichs, die alle Augenblicke aus dem Sattel fallen, die sogar in die Depression abstürzen und sich wie auf einem Trampolin ständig wieder in die Höhe katapultieren müssen. Sie purzeln aber ebenso sicher wie regelmäßig wieder herunter und hopsen mit neuen Anläufen wieder über sich hinaus. Neben den Trampolin-Menschen, die sich selbst in die Höhe spikken, gibt es andere, die sich vom Brotgeber, vom Ehepartner, von der Geliebten oder vom Erzfeind wie ein Tischtennisball ständig übers Netz und von einer Ecke in die andere jagen lassen.

Du aber als künftiger 4-Farben-Mensch bist nicht bloß ein ICH-Sager – »Ich würde meinen« oder »Ich würde wollen mögen« –, sondern Du bist und fühlst Dich als ICH. Als ICH im Sattel und im Gleichgewicht. Du bist aktiv und hast das Steuer in der Hand. Von Deinem festen ICH-Punkt aus, nach allen Seiten, rundherum, entfaltest Du Deine Aktivität. Je nach der Stärke Deiner

Kraft, Fähigkeit und Energie ist der Umkreis um Deinen ICH-Punkt größer oder kleiner. Und je besser, je vernünftiger, umsichtiger und ausgewogener Du Deine Kraft, Fähigkeit und Aktivität lenkst, desto runder ist der Kreisbogen um Deinen ICH-Punkt herum. Als innerer Kreis funktioniert unsere *Innenwelt.* Sie ist bekanntlich ständig von einer zweiten Realität, der Außenwelt, umgeben. Daher zeichne ich die Außenwelt als Außenkreis darum herum.

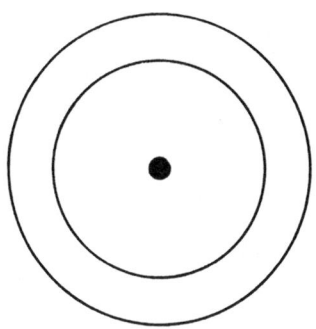

Aber der Globus dreht nicht rund; er eiert immer. In der Außenwelt ist immer irgendwo der Teufel los. Eine schön regelmäßig runde Außenwelt als »heile Welt« hat es nie gegeben. Eine »heile Welt« kann immer nur Deine eigene Innenwelt sein, sofern Du Dein Ich im Gleichgewicht hältst.

In der Außenwelt gibt's ständig Auswüchse und Dellen. Hier ist es in der Außenwelt zu Auswüchsen und Dellen gekommen:

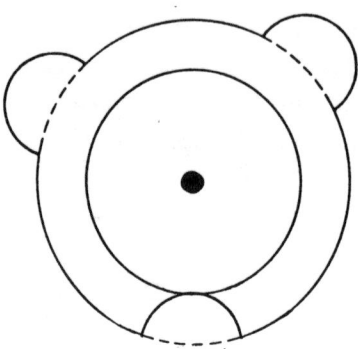

Und hier ist eine Karambolage passiert:

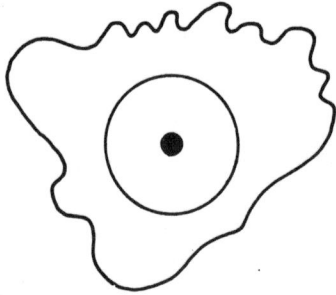

Aber bei Dir als 4-Farben-Mensch ist das Ich und sein innerer Kreis im Gleichgewicht geblieben, und Deine Innenwelt erfreut sich bester Rundheit. Das heißt ins Alltagsdeutsch übertragen: Auch wenn Du eine Absage erhalten hast, bist Du noch lange nicht enttäuscht. Weil Du im inneren Gleichgewicht bist, fällt es Dir nicht im Traume ein, Dir wegen einer Delle in der Außenwelt, wegen eines Mißerfolges, eine Delle in Deine Innenwelt boxen zu lassen. Hier hinein kann nämlich genaugenommen kein anderer stoßen. Hier machst Du Dir die Dellen und Ausbuchtungen selbst. Kennst Du das Selbstmitleid? Hast Du schon beobachtet, mit welch genießerischem Wohlbehagen Kinder vor sich hin weinen und einen unbedeutenden Anlaß dazu benützen, sich an einer äußeren Delle innerlich zu weiden?

Für den 4-Farben-Menschen ist eine Absage noch lange keine persönliche Zurückweisung. Oder vornehm formuliert: Eine Scheiß-Situation ist noch lange keine »Frustration«.

Du kannst ein uneheliches, einäugiges Waisenkind sein und brauchst Dich deshalb noch lange nicht als benachteiligt, als von Gott und aller Welt verlassen, als zurückgewiesen und »frustriert« zu fühlen.

Wenn's mal schiefgeht, empfindet der 4-Farben-Mensch wie jener Karthager, Bias, der den Verlust seines ganzen Reichtums mit den berühmten Worten kommentiert hat: »Omnia mea mecum porto« (Ich habe alles Meinige bei mir).

Das ist normale Menschenart: souverän und bescheiden, selbstbewußt und unabhängig und darum stets im Sattel.

Die kapriziöse Außenwelt hat nicht nur Pleiten und Dellen zu bieten. Sie dekoriert und belädt Dich auch mit Ruhm und Ehren, wenn Du Dich als Lastesel hergibst.

Wenn Du alle Sinne beisammen hast und begeisterungsfähig oder wenigstens fleißig bist, kannst Du dem Erfolg nicht ausweichen. Erfolg ist wie ein Geschwür. Er wuchert. Der Kreis Deiner Außenwelt bleibt nicht rund. Erfolgsbuckel und Ausbuchtungen verraten Deine Tüchtigkeit. Du wirst zum »geborenen« Geschäftsmann, Karrieremenschen, Fachgelehrten, Frauenhelden, Partylöwen, zum umschwärmten Fräulein oder zur hauptberuflichen Mutter, vollamtlichen Hausfrau oder zur Mitleidstante, der alle ihr Herz ausschütten. Hast Du Erfolg, und wirst Du zum Lakaien und zum Opfer Deiner Erfolge? Spiegelst Du Dich in ihnen, und polierst Du Dein Image wie Deine Schuhe auf Hochglanz? Machst Du den Jet-set zu Deinem Leithammel, oder trottest Du irgendeinem anderen Schaf-Set nach? Dann machst Du Dich von dieser Rollengesellschaft abhängig und bist der Sklave Deines Prestigehungers, selbst wenn Du's zum Präsidenten aller Präsidenten und zum Star aller Vögel gebracht hast.

Wie auch immer die Außenwelt beschaffen sein mag, ob der Außenkreis Ein- und Ausbuchtungen hat, der Innenkreis des 4-Farben-Menschen, bleibt im Gleichgewicht, in kreisrunder Harmonie. Seine Innenwelt ist gegen Anfechtungen (Dellen) und Verführungen (Bukkel) gefeit. Die innere, heile Welt ist dem 4-Farben-Menschen heilig.

Glaubst Du, ich wolle Dir einen Schluck Moralin verabreichen? Ich muß Dich genauer fragen:»Hast Du den Eindruck, ich wolle Dich beeinflussen, damit aus Dir das werde, was sich der kleine Max als den idealen Moritz vorstellt?«

Mitnichten.

Du sollst kein Max und kein Moritz werden, sondern das, was Du in Wahrheit bist: Du selbst. Das freilich will ich, und Du wohl auch. Um nichts Geringeres als um Deine Selbstverwirklichung geht es mir. Ich will es Dir noch provozierender sagen: um Deine Normalität. Weil Du nun mal kein Regenwurm, sondern ein Mensch bist, darum bist Du nur dann normal, wenn Du Dich ständig entfaltest und verwirklichst.

Deine Normalität fordert, daß Du jederzeit die innere Realität, Deine Innenwelt, überwachst, damit sie in kreisrunder Harmonie bleibt. Nur dann, nur in der steten Selbstverwirklichung bist Du normal. Und dann bist Du der 4-Farben-Mensch, der in der 4-heit die Ganzheit seiner Möglichkeiten lebt. Nochmals, beim Normalen, beim 4-Farben-Menschen, ist der Innenkreis rund, mag der Kreis der Außenwelt zur Zeit noch so verbogen sein.

Der infantile Mensch

Aber was nicht normal ist, geschieht im allgemeinen am häufigsten. Ein Mißgeschick, ein Stolpern wird als persönliches Versagen oder Ungenügen aufgefaßt. Eine Absage wird als Zurückweisung, als Blamage, als Beweis der eigenen Minderwertigkeit empfunden. Und im umgekehrten Falle?

Eine belanglose Überlegenheit, zufällig etwas wissen, was andere nicht kennen, der lächerliche Besitz des letzten Modeschreis, eines auffällig lauten Auspuffs am Auto, insbesondere aber geschäftliche Erfolge oder eine Visitenkarte, die beim Namen ein halbes Alphabet an Titeln vorweist, all diese äußeren, in ihrer Bedeutung überschätzten Erfolge machen die Mehrzahl der Menschen stolz und angeblich »glücklich«. Viele tun so, als ob die äußeren Ereignisse für den Zustand der Innenwelt und für die Selbsteinschätzung des Menschen maßgebend seien.

Das ist beim Kleinkind vor dem dritten Lebensjahr, bevor sich sein Ich als Innenwelt ausgeformt hat und bevor es in der Ich-Form zu denken und sprechen gelernt hat, verständlich.

Das sollte sich aber spätestens nach der Pubertät ändern. Die Parallelität zwischen dem äußeren und dem inneren Kreis ist eine naive Undifferenziertheit zwischen äußerer und innerer Realität, eine infantile Ich-

44

Schwäche. Sie verhindert die Normalität. Gerade diese häufige, infantile Denk- und Erlebnisweise wird heute aber von Laien und Fachleuten für die »normale« gehalten. Sie meinen die Umwelt, das Milieu gestalte den inneren Kreis, das Ich.

Das, mein lieber 4-Farben-Mensch, wirkt sich auf unsere Kultur schlimm aus. Ahnst Du die Konsequenzen? Gottesgläubige Menschen, wie Hiob einer war, können den inneren Kreis im Vertrauen auf die Vernunft und zuverlässige Gerechtigkeit Gottes in runder Harmonie bewahren, auch wenn ihre Außenwelt durch Verluste und Krankheit erschüttert und marod geworden ist. Ihr schwaches oder unvernünftiges Ich klammert sich an die Vernunft Gottes, um im Unglück, dann, wenn die Gefühle das Denken überfluten, trotz allem nicht der kurzschlüssigen Verwechslung von äußerer und innerer Realität zu verfallen. Was geschieht aber, wenn der Gottvater samt seiner Vernunft von seinen neuzeitlichen Kindern in Pension geschickt wird? Was geschieht, wenn sie einem neuen Glauben hörig sind, dem Glauben an die Naturwissenschaft, an die Technik und an den materialistischen Sozialismus? Was geschieht, wenn die äußere zur einzigen und alleinseligmachenden Realität ausgerufen wird? Wer wehrt der kurzschlüssigen Verwechslung zwischen der augenfälligen, äußeren, physischen Realität und der inneren psychisch-geistigen Realität? Du kannst Gott für tot erklären, aber die innere Realität bleibt in jedem Augenblick lebendig und wirksam. Nicht, weil die Errungenschaften der Technik oder der Konsum von Nutz- und Luxusgütern schlecht wären, sondern weil die äußere Realität von allen Krämern dieser Welt, die am Massenkonsum interessiert sind, zum vergoldeten Leitbild des Glücks gemacht wird, ist die innere Realität, das echte Ideal, das wirkliche, erlebte Glück bankrott. Darum herrschen Frustration und Sinnlosigkeit.

Mit dem echten Ideal, dem echten Glück, das immer nur Dein eigenes, ganz persönliches inneres Gleichgewicht und Deine Selbstverwirklichung sein kann, ist kein Geschäft zu machen. Dein echtes, persönliches Glück ist eine Einzelanfertigung.

Der naiv-infantile Kurzschluß, die äußere Realität für die Ursache der inneren Realität zu halten und die Umweltbedingungen für die innere, charakterliche Reife einer Persönlichkeit verantwortlich zu machen, dieser Kurzschluß wird von fast allen psychologischen Schulen unkritisch mitgemacht. Alfred Adler, der Begründer der Individualpsychologie, fördert das Mißverständnis, wenn er behauptet, daß Minderwertigkeitsgefühle von körperlichen »Organminderwertigkeiten« verursacht würden. Dieser sonst genaue Beobachter hat die äußere Benachteiligung eines Invaliden von der inneren, moralischen Beurteilung nicht deutlich genug unterschieden.

Die auch unter Fachleuten verbreitete Laienpsychologie meint, körperliche Nachteile (ein kleiner oder unschöner Körperwuchs, ein kleiner Busen, eine Glatze, unerwünschte Nasenform oder ein knarrendes Holzbein) oder das Fehlen materieller Vorteile seien die Ursache seelischer Defekte.

Das ist für den politischen Materialismus ein gefundenes Fressen. Er übernimmt die pseudowissenschaftliche Vulgärpsychologie und behauptet ebenso, die äußere Realität verursache die innere Realität. Demnach seien wirtschaftliche Nachteile, die aus dem kapitalistischen Gesellschaftssystem entstehen, die Ursache dafür, daß sich Menschen unglücklich oder seelisch defekt fühlen. Als Begründung werden einfach die äußeren, materiellen und sozialen Bedingungen (Milieu) herangezogen. Mit diesem undifferenzierten Kurzschlußdenken lassen sich alle charakterlichen Unzulänglichkeiten, von der alltäglichen, inneren Unzufriedenheit bis zur kriminellen Aggressivität, bequem entschuldigen. Die Verantwortung wird einfach auf die Umwelt abgeschoben. Den Betroffenen kann's nur recht sein.

Wenn ich einen Stein gegen eine Fensterscheibe werfe, geht sie kaputt: Auf die Ursache folgt notwendig die Wirkung. Die Kausalität hat in der mechanischen Physik ihre uneingeschränkte Berechtigung. Dieses Denkmodell ist aber falsch, wenn es auf den Menschen übertragen wird, der sich sein Ich selbständig bilden kann. Es ist noch scheinbar richtig bei Kindern, bei infantil reagierenden Menschen und bei Tieren, sofern sie instinktiv und impulsiv auf äußere Reize reagieren.

Wer die Tatmotive, besonders diejenigen jugendlicher Selbstmörder, untersucht, wird erkennen, daß häufig keine verständlichen Gründe in der äußeren Realität zu finden sind.

Wer beobachtet, daß von denselben Eltern, in genau demselben Milieu, mit derselben Erziehung sich oft völlig verschiedenartige Charaktere und Persönlichkeiten entwickeln, kann sich der Erkenntnis nicht entziehen, daß die besondere Innenwelt einer Persönlichkeit durch ihre Selbsteinschätzung verursacht ist. Gerade durch die

Unkenntnis der inneren Ursachen, also der verschiedenen Formen der Selbstüberschätzung und Selbstunterschätzung, entsteht das falsche Kausaldenken: die soziologischen Begründungen. Die Selbstgefühle sind die wahre Ursache des Verhaltens.

Versteh mich richtig, ich weiß wohl, daß die meisten Menschen so denken und von sich und allen anderen annehmen, ihre Innenwelt sei das Produkt ihrer Außenwelt. Aber das ist eine Scheinkausalität, eine Unterstellung, eine falsche Deutung, ein folgenschwerer Denkfehler. Und was sind die Folgen?

Solange Du keine klaren Begriffe und Vorstellungen von der inneren Wirklichkeit erworben hast, bleibt sie Dir unverstanden und großenteils in einem Gefühlsnebel verborgen. Wer die innere Wirklichkeit ignoriert, gleicht einem Blinden, der die Existenz der Farben leugnet, weil er sie nicht kennt. Wer die Gesetze und Zusammenhänge der inneren Wirklichkeit ignoriert, sich nicht bewußt macht oder mißachtet, gleicht einem Kapitän, der nur mit dem Teil des Eisberges rechnet, der aus dem Wasser ragt. So entstand der Untergang der Titanic.

Aus Unwissenheit über die Zusammenhänge in der inneren Realität flüchten sich Laien und viele Fachleute in äußerliche Begründungsklischees, womit aber die inneren Ursachen überhaupt nicht erklärt sind. Jede psychologische Frage nach dem Warum löst bei ihnen sogleich bestimmte Assoziationsschemata aus: Einzelkind, Mangel an Geborgenheit, Eltern, Erziehung, Milieu, Umwelteinflüsse, Sexualität, körperliche Nachteile. Wer aus solchen Stichworten, aus Situationen der äußeren Realität, psychologische Deutungen zusammenschustert, wird bei Sozialfürsorgen, Lehrern, Pfarrern und besonders bei psychologisch Verbildeten zustimmendes Kopfnicken auslösen. Derartige Begründungen, die aus der psychologischen Klassifikations- und Klischee-Schublade geholt werden, machen Eindruck. Aber sie erklären die inneren Zusammenhänge überhaupt nicht. Findest Du, ich hätte nun genug geschimpft? Es ist genug, wenn Du die Gründe für Deine Selbstgefühle nicht mehr der Außenwelt in die Schuhe schiebst, wenn ich wenigstens Dich vom Titanic-Kurs abgebracht habe.

Dann nämlich hältst Du Kurs auf die Normalität, dann bist Du Kapitän Deines Schiffes mit den 4 Flaggen Rot, Grün, Gelb und Blau.

Der neurotische Mensch

Außer dem normalen Menschen, bei dem der Innenkreis harmonisch rund bleibt, und dem infantilen Menschen, dessen Innenkreis sich dem Außenkreis nachbildet, gibt es noch den neurotischen Menschen. Der neurotische Mensch hat meist in der Kindheit seine Umwelt als verbogen erlebt. Da er als Kind naiv war, hat er den Kreis seiner Innenwelt mit denselben Verbiegungen nachgebildet. Da er während der ganzen Kindheit glaubte, sich mit einer bestimmten, aber verbogenen Taktik erfolgreich behaupten zu können, hat sich beim Neurotiker der Innenkreis in dieser Verbiegung fixiert. In der fixierten und abnormen Selbsteinschätzung besteht die neurotische Erkrankung.

Beim neurotischen Erwachsenen kann die Außenwelt rund und in Ordnung sein, nicht selten ist sie es sogar. Er hat ein sicheres Dach über dem Kopf und ißt aus dem Fettnapf. Aber die Zwerge und Riesen in seinem Inneren, seine Selbstunterschätzung und Selbstüberschätzung, liefern sich erbitterte Kämpfe.

Während sich der Normale seine runde Innenwelt bewahrt, lebt der erwachsene Neurotiker gerade umgekehrt stets in einem verbeulten Innenkreis.

Neurotiker, die ein eingedelltes Innenleben, aber einen prallrunden Geldsack haben, bilden die treue Kundschaft der Seelenärzte, denn das Thema »Ich bin

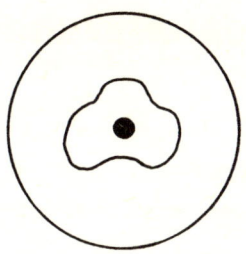

so, weil meine Umwelt so war« ist unerschöpflich, unfruchtbar und darum langweilig. Ich fühle mich in der Gesellschaft von Neurotikern nicht wohl und bei Infantilen oft gelangweilt. Du wirst als 4-Farben-Mensch zwar Verständnis für beide haben, aber Dein Ziel ist, als Normaler unter Normalen zu leben.

Du magst ein reicher, erfolgreicher, einflußreicher, einfallsreicher, gefühlsreicher Durchschnittsmensch sein, aber normal bist Du nur dann und insofern, als es Dir um die Verwirklichung Deines nur Dir eigenen *inneren* Ideals und *inneren* Leitbildes geht.

Da der Begriff »Ideal« heutzutage für jede Hanswursterei, für jedes Bedürfnis und jedes Wünschlein, vom idealen Busen bis zum idealen Büchsenöffner, verwendet wird, ziehe ich für das *innere* Ideal, das kein Wunsch, sondern eine konzessionslose Forderung des Gewissens ist, die Begriffe *Norm* und *Normalität* vor.

Normal oder durchschnittlich?

Kürzlich kam das Gespräch auf die letzte Entführungsaffäre. »Anarchisten, die solche Terrorakte begehen, sind nicht mehr normal«, sagte jemand, sichtlich empört. »Wenn die Entführer nicht normal wären, wären sie auch nicht zurechnungsfähig. Wo kämen wir da hin?« antwortete ein anderer. Bald kam auch die Kardinalfrage, die in solchen Situationen fast immer gestellt, aber nie beantwortet wird: »Wer ist denn überhaupt normal?«

Es gehört zu den täglichen Aufgaben vieler Psychiater zu entscheiden, ob der Patient unter seelischen Konflikten und Störungen, also unter einer *Neurose,* leidet, die den Normalen befällt, oder ob eine Abnormität, eine sogenannte Geisteskrankheit, also eine *Psychose,* wie z. B. eine Schizophrenie, besteht.

Für Gerichtsgutachten muß er auch beurteilen, ob ein Straffälliger seine Tat als »Normaler« oder als Mensch mit »verminderter Zurechnungsfähigkeit« begangen hat. War es die Tat eines Betrunkenen, Psychotischen oder Schwachsinnigen, so schließt man, daß der Betreffende nicht normal zurechnungsfähig war.

Ich nehme nicht an, daß Du Deine Normalität anzweifelst, aber Du wirst Dich hin und wieder fragen: »Was tue ich jetzt am besten? Was wäre die normale Lösung meines Problems?«

Hast Du Dir schon einmal überlegt, was normal bedeutet? Es ist viel leichter festzustellen, daß ein unangemessenes oder sinnwidriges Verhalten nicht normal ist, als zu erklären, was nun eigentlich normal sei.

Als verwirrend erscheint mir, daß Norm und Durchschnitt sich so ähnlich sind, daß man die beiden Begriffe in manchen Fällen als gleichwertig gebraucht. Zugleich wehrt sich alles in mir dagegen, daß nur das normal sein soll, was der Durchschnitt der Menschen tut. Die Mehrzahl der Menschen führt ein Leben voller innerer Zwänge und mühsam gespielter Rollen. Das ist nicht, was ich mir unter einem normalen Leben vorstelle.

Norm und Durchschnitt, die ich gerne auseinanderhalten möchte, überschneiden sich immer wieder: Man sagt, die Abnahme des Sehvermögens sei eine normale Alterserscheinung. Aber ist es normal, wenn jemand blind ist? Sicher nicht, obwohl ein Blinder als Mensch völlig normal ist. Ist ein cerebral geschädigtes Kind normal? Zwar ist es meistens unfähig, lesen und schreiben zu lernen. Dennoch kann es ein feines Empfinden für menschliche Beziehungen haben. Ist der clevere Geschäftsmann normal? Auch dann, wenn das Menschliche ihm in einem solchen Maße abgeht, daß man von einer abnormen Gemütsarmut sprechen muß? Dann ist er mit dem »gemütlosen Psychopathen« vergleichbar, dem ebenfalls Mitgefühl, Ehrgefühl, Gerechtigkeit und Scham abgehen. Sind Menschen, die durch ihr hohes Alter oder durch eine Krankheit im Verhalten und Denken stark verändert sind, noch normal, oder braucht man sie nicht mehr ganz ernst zu nehmen, weil sie ja »nicht recht wissen, was sie reden«?

Sicher hast Du schon oft beobachtet, daß sehr viele Menschen dann nicht mehr ehrlich sind, wenn ihnen daraus ein bedeutend erscheinender Vorteil erwächst oder wenn Ehrlichkeit schaden könnte. Dennoch werden weder Eltern noch Ehepartner Unehrlichkeit untereinander oder gegenüber Dritten für eine normale Einstellung halten.

Im ganzen Bereich der Technik spricht man von Normen, wenn es um Maßeinheiten oder um Meßgrößen geht (z. B. vom Meter oder von normierten Bauelementen). Entsprechend sagen wir, daß die Körpergröße des Zwerges und des Riesen von der Norm als Durchschnitt abweicht.

Findest Du nicht auch, daß Johann Sebastian Bach, Albert Einstein, Goethe durch ihre geistigen Leistungen vom Durchschnitt abwichen und dennoch normal waren? Hier hat offenbar »normal« überhaupt nichts mit dem Durchschnitt zu tun. Die Normalität wird vielmehr danach bemessen, wie wahr, wie echt, wie wirklichkeitsgetreu die Einsicht und das Verhalten eines Menschen sind.

Du beurteilst ein Verhalten als normal oder sagst von einem Menschen, daß er »sehr normal« sei, wenn sein Verhalten der Situation gerecht wird. Damit Du Dich aber normal verhalten kannst und der äußeren Wirklichkeit zu entsprechen vermagst, mußt Du einen Maßstab, also bestimmte Normen haben, nach denen Du Dich richten kannst. Solche Richtnormen sind die inneren Ideale, die Dir als geistige Werte den Weg weisen, Ideale, nach denen Du dich richtest, um richtig urteilen und handeln zu können.

Nach solchen inneren Idealen und Richtnormen beurteilen auch Psychiater und Soziologen die Normalität eines Menschen. Hätte eine Mutter nicht das Ideal, für ihre Kinder zu sorgen, wäre sie nicht normal. Hätte ein Erwachsener nicht das Ideal, für sich selbst zu sorgen, selbst Leistungen zu vollbringen, wäre auch er nicht normal. Ein Mensch, der wirklich keine Art von inneren Idealen hätte, wäre tatsächlich kein normaler Mensch. Normal sein bedeutet demnach zweierlei: In allen körperlichen und technischen Bereichen bedeutet es, daß etwas dem Durchschnitt entspricht. Hier ist die Norm stets die *Durchschnittsnorm.*

Etwas radikal anderes hingegen bedeutet Normalität dann, wenn mit »Norm« ein geistiger Wert, ein inneres Ideal, gemeint ist. Das innere Ideal als Richtnorm hat nichts mit der durchschnittlichen Menge zu tun. Quantität und Durchschnitt spielen hier keine Rolle. Unabhängig davon, ob Menschen im Durchschnitt ehrlich sind, bleibt Aufrichtigkeit gegenüber dem Mitmenschen doch ein inneres Ideal, ein Richtmaß, nach dem sich der normale Mensch in Sprache und Benehmen orientiert.

(Wenn Du Dich beruflich mit psychologischer Statistik befassen mußt, dann möchte ich Dir deren Grenzen zu bedenken geben: Weil die Normalität kein Durchschnittswert, sondern eine Idealnorm ist, kann sie grundsätzlich nicht quantitativ und nicht statistisch errechnet werden. Statistische Durchschnittswerte ergeben deshalb nur soziologische Informationen. Sie ermöglichen somit weder eine Einsicht in die normale Struktur der menschlichen Psyche noch in die psychische Struktur eines bestimmten Menschen.)

Die Normalität, die für die psychologische Beurteilung und Beratung der gesunden und ebenso der konfliktgestörten, neurotischen Menschen maßgebend ist, kann und darf daher nur an den psychischen Idealnormen gemessen werden. Beurteilst Du dennoch einen einzelnen Menschen nach statistisch errechneten Tabellen, dann wirst Du mit dieser »Wissenschaft« ein Unwissender sein.

Ideale: ja – Ideologien: nein

Als »die dringlichste aller Fragen« bezeichnet Albert Camus die Frage nach dem Sinn des eigenen Lebens. Innere Ideale sind für Dich und jeden Menschen, der nach dem Sinn seines Lebens fragt, eine Notwendigkeit. Du fragst nach dem Sinn, den Dein Leben als Ganzes hat. Daher müssen Ideale, wenn sie diese Sinn-Ganzheit umfassen wollen, sämtliche Möglichkeiten der Selbstverwirklichung aufzeigen. Die Ideale sind also Richtnormen. Sie zeigen wie innere Wegweiser immer nur die Richtung an, die ein Mensch gehen soll, der sich selbst verwirklichen will. Ideale sind also ausdrücklich keine »Ziele«, die man erreichen kann, sondern richtungweisende Orientierungshilfen. Je konsequenter Du nach diesen inneren Idealen lebst, desto größer ist Deine Normalität, desto echter ist Deine Natürlichkeit, und desto weiter entfernst Du Dich vom Durchschnitt unserer durch abnormale Rollen und unnatürliche Zwänge fixierten Gesellschaft. Weil es beim »Sinn des Lebens« um die Ganzheit der menschlichen Lebensmöglichkeiten geht, ist jedes verabsolutierte, einseitige Ideal, also jede Ideologie, sinnwidrig. Im anarchistischen Terrorismus, wie auch in anderen besonders machthungrigen Ideologien, führt diese Sinnwidrigkeit zu einer tragischen Konsequenz: zur Negation aller anderen Ideale – besonders der Toleranz – und zur Zerstörung der geltenden Werte.

Die Intoleranz gehört daher zum Wesen jeder Ideologie. Denn die Ideologie interpretiert die Wirklichkeit – und sei sie noch so vielgestaltig, noch so häufigen Veränderungen unterworfen – stets im Hinblick auf ein verabsolutiertes, einseitiges Ideal. Mit diesem Prinzip glauben ihre Anhänger alles erklären und bewältigen zu können. Anarchisten – vorausgesetzt, es handle sich nicht um von sich aus konfliktgeladene, aggressive Personen – verabsolutieren z. B. das Ideal der »sozialen Gerechtigkeit« und mißachten die anderen sozialen Ideale wie Toleranz, Aufgeschlossenheit, Aufrichtigkeit, gütiges Wohlwollen. Darum negieren sie alle anderen Ideale und bekämpfen sie. Ideologien, auch wissenschaftstheoretische und künstlerische, sind daher intolerant. Besonders politische und religiöse Ideologien wirken durch ihren Machtanspruch dabei meist auch zerstörerisch.

Die Jugend fragt nach dem Sinn des Lebens und erwartet, daß es eine Antwort gibt, die zeigt, wie das Leben gestaltet werden soll. Allzu leicht kriecht sie dabei den simplifizierenden Ideologien auf den Leim.

Wer in der Jugend vermeintlichen »Idealen« anhing und sich von ihnen enttäuscht fühlt, wie z. B. viele Anhänger des Nazismus, des Kommunismus oder anderer politischer und religiöser Ideologien, hat diese sogenannten Ideale und seinen Idealismus über Bord geworfen und hält sich nunmehr für einen »nüchternen Realisten«. Damit verfällt er einer anderen Ideologie. Ideale zu haben und Idealist zu sein hat bei diesen Menschen den Klang von Lächerlichkeit und Naivität bekommen. Diesen Enttäuschten ist aber nie bewußt geworden, daß sie sich nicht an echten, inneren Idealen orientiert haben, sondern einer Ideologie nachgelaufen sind.

Eine Zwischenbilanz

Es ist an der Zeit, daß wir einmal Bilanz ziehen. Ist es Dir recht, wenn wir uns jetzt überlegen, was wir erreicht haben?

Wenn Du zurückdenkst, worüber wir gesprochen haben, an was erinnerst Du Dich zuerst? Was fällt Dir ein? Nimm Dir Zeit, diese Frage zu überdenken. Was ist für Dich der erste Punkt? Kommt Dir sonst noch etwas in den Sinn? War Dir sonst noch etwas wichtig? Welches ist der zweite Punkt, der für Dich neu oder wesentlich war?

Fragen wir auch noch einmal umgekehrt. Welcher Gesichtspunkt fehlt? Was möchtest Du über den 4-Farben-Menschen noch erfahren? Was hindert Dich noch daran, ein echter, uneingeschränkt erlebnisfreudiger 4-Farben-Mensch zu werden?

Ich habe Dich gefragt, welche Gesichtspunkte für Dich so wichtig waren, daß Du daraus einen praktischen Gewinn gezogen hast.

Ich lasse mir aber auch gern die Gegenfrage stellen: »Was ist Dir selbst denn wichtig von all dem, was Du uns erzählt hast?«

Das Fahrradgleichnis ist für mich wichtig geworden. Wenn ich mich über eine Situation ärgere oder wenn ich nicht weiß, ob ich besser mein Recht verteidigen oder mich statt dessen freudigeren Aufgaben zuwenden soll, aber auch wenn ich in einer Zwickmühle sitze oder wenn mich gar die schleichende Angst vor dem Tod überkommt, dann weiß ich, daß ich jetzt aus dem Sattel gefallen bin. Dann weiß ich, daß ich mich nicht im Gleichgewicht gehalten habe oder daß ich in ein passives Selbstbedauern gefallen bin.

Wertvoll war für mich außerdem, klar zu erkennen, daß ich zwischen der äußeren Realität und der inneren Realität zu unterscheiden habe. Noch deutlicher weiß ich heute, daß ein äußeres Mißgeschick mein Selbstgefühl unter keinen Umständen beeinflussen darf.

Auch umgekehrt weiß ich, daß äußere Erfolge, heißen sie Ruhm oder Geld, die mir als Selbstbestätigung schmeichelten, auf meine Innenwelt, auf meine wahren Selbstgefühle, keinen Einfluß haben dürfen. Würde ein äußerer Erfolg mich stolz und unbescheiden machen, so gälte:»Was hülfe es dem Menschen, so er die ganze Welt gewönne und nähme doch Schaden an seiner Seele?« (Matthäus 16; 26).

Die grundlegende Erkenntnis, daß ich die 4 Selbstgefühle (Selbstachtung, Selbstvertrauen, Zufriedenheit und innere Freiheit) jederzeit anstreben muß, um zur inneren Harmonie, also zur Normalität, zu gelangen, brachte mir darüber Klarheit, worin die Selbststeuerung und harmonische Selbstverwirklichung tatsächlich besteht.

Die 4 Farben sind für mich Sinnbilder (»Archetypen«) geworden für die 4 Arten der Selbstgefühle sowie des Denkens und Handelns. Ich gebe mir oft darüber Rechenschaft:

Lebe ich *rot* wie Robinson, so daß ich mir genug Selbstvertrauen erwerbe;

lebe ich *blau* wie Diogenes, so daß ich mich in der Selbstbescheidung zufrieden fühle;

lebe ich *grün* wie ein Edelmann, so daß ich mich achten kann, weil ich zu meiner Überzeugung stehe;

lebe ich *gelb* wie Hans im Glück, so daß ich mich innerlich frei fühle und mich bei neuen Möglichkeiten entfalten kann?

Die tägliche Heiterkeit und Freude, der Reichtum an vielseitigen, internsiv erlebten Stunden sind für mich das gültige Zertifikat. Das kann mir keine Universität und kein Weihepriester erteilen. Ich kann es auch nicht als Diplom an die Wand hängen. Aber ich fühle es voll Freude und Dankbarkeit in mir.

Die Ethik
des 4-Farben-Menschen

Wenn Du alles tust, um Dich wirklich wohl zu fühlen, dann profitieren auch die anderen davon. Wenn Du Deine 4 normalen Selbstgefühle verwirklichst und ins Gleichgewicht bringst, dann bist Du für die anderen ein angenehmer Partner; schon deshalb, weil Du all das nicht tust, was andere nicht leiden mögen. Aber Du tust aus eigenem Interesse eine ganze Menge, was andere gerne mögen und wovon sie reichlich profitieren.

Dem 4-Farben-Menschen, ob er Epikur oder Goethe, ob er Max oder Moritz heißt, erscheint die Lakaienmoral »Du sollst nicht . . .«, »Du darfst nicht . . .« wie ein Laufgitter für moralische Kleinkinder. Der 4-Farben-Mensch ist aber selbständig, weil und solange er sich im Gleichgewicht hält. Weil er selbständig ist, fühlt er sich frei, obwohl er in einer bestimmten Gesellschaft lebt und einer bestimmten Zivilisation angehört. Du hast richtig gelesen: Er fühlt sich frei. Er ist keine Marionette, und er hängt an keinem ideologischen Gängelband, nicht an dem der theologischen Schriftgelehrten, nicht an dem von Rechtsgelehrten und auch nicht an dem von ideologischen Linksgelehrten. Er fühlt sich weder als Untertan eines Staates noch als Lakai einer Kirche, einer Gesellschaft oder eines Partners. Aber er unterstützt und fördert sie, sofern sie ihm nützen und solange deren Ziele mit seiner Überzeugung übereinstimmen. Denn was Du aus eigener Überzeugung und Verantwortung tust, empfindest Du nicht als Zwang, sondern Du verwirklichst darin Deine Freiheit zu tun, was Du für richtig hältst. Du bist »motiviert«.

Was bisher nur wenige Menschen verwirklicht haben, das ergibt sich für den 4-Farben-Menschen aus kristallklarer Erkenntnis und eigenständiger Überzeugung: die Moral, so zu handeln, wie es ihm entspricht.

Was Immanuel Kant vor zwei Jahrhunderten mit seinem »kategorischen Imperativ« als allgemeingültigen Grundsatz der Ethik formuliert hat: »Handle so, daß die Maxime deines Handelns jederzeit zugleich für eine allgemeine Gesetzgebung gelten könnte«, das ist für den 4-Farben-Menschen die logische Brücke von seiner Innenwelt zur Außenwelt, von seiner Gesinnung zur Handlung, vom inneren Gleichgewicht zur sozialen, ethischen Verantwortung geworden.

Mit dem kategorischen Imperativ haben wir die Brücke von innen nach außen, von den normalen Selbstgefühlen zum sozialen Verhalten gefunden.

Der Gründlichkeit halber will ich Dich daran erinnern, daß wir zu folgenden 4 Selbstgefühlen gekommen sind (deren logische Begründung findest Du im letzten Teil des Buches, ab Seite 183):

Gelb	Rot
innere Freiheit	Selbstvertrauen
Blau	Grün
Zufriedenheit	Selbstachtung

In der alltäglichen Haltung kommen häufig Verbindungen von zwei Selbstgefühlen vor. Die 6 möglichen Verbindungen bilden bestimmte, uns wohlbekannte Selbstgefühle und Stimmungen.

Zwei Beispiele: Aus dem Grünfeld »Selbstachtung« und aus dem Blaufeld »Zufriedenheit« entsteht die Ernsthaftigkeit. Wer sich innerlich frei fühlt (Gelb) und zugleich voller Selbstvertrauen ist (Rot), der ist heiter.

Die ethischen Grundnormen

Gerechtigkeit

Wer sich bemüht, seiner Überzeugung gemäß zu entscheiden (Grün), und sich dabei bescheiden in die gegebenen Möglichkeiten einordnet (Blau), dessen Gesinnung ist *ernsthaft* (Grün und Blau). Anderen gegenüber verhält er sich *gerecht*.

Ich möchte Dir gerne am Beispiel der Gerechtigkeit Schritt für Schritt zeigen, wie wir zur philosophisch-wissenschaftlichen Bestimmung der ethischen Grundnorm »Gerechtigkeit« kommen.

Die Selbstachtung entsteht durch die »ehrliche Überzeugung«. Wer sich zugleich selbst bescheidet, sich also an das hält, was wirklich und tatsächlich ist, und sich in die gegebenen Möglichkeiten einordnet, der ist ehrlich und bescheiden, also *ernsthaft*. Dieses Selbstgefühl brauchen wir nur dem kategorischen Imperativ gemäß in eine Handlung umzusetzen, dann entspricht sie der *Gerechtigkeit*.

Durch den kategorischen Imperativ (das Prinzip, stets möglichst so zu handeln, daß der Grundsatz des eigenen Handelns jederzeit als allgemeingültiges Gesetz gelten könnte) wird das Selbstgefühl »Ernsthaftigkeit« zu einer ethischen Grundnorm: zur Gerechtigkeit, zur Fairneß.

Also: Ich-Norm: ernst. Sozial-Norm: Gerechtigkeit.

Aufgeschlossenheit

Wer sich frei und unabhängig fühlt (Gelb) und zugleich Vertrauen in seine Kraft und seine Fähigkeit hat (Rot), der ist *heiter* (Gelb und Rot). Er ist anderen gegenüber, also in seiner sozialen Einstellung, *aufgeschlossen* und nimmt an ihrem Anliegen teil. Die beiden Selbstgefühle Selbstentfaltung (Gelb) und Selbstvertrauen (Rot) ergeben somit die soziale Haltung und ethische Grundnorm: Aufgeschlossenheit und Teilnahme.

Diese Einstellung ist keine Selbstverständlichkeit. Der Ehemuffel, der seine Zeitung als Paravent benützt, oder der Vorgesetzte, der nur Ideen gut findet, die ihm seit Kindheit vertraut sind oder von ihm selbst stammen, versündigt sich gegen das 11. Gebot:»Du sollst nicht verschlossen sein.«

Also: Ich-Norm: heiter. Sozial-Norm: aufgeschlossene Teilnahme.

Verantwortung

Wer aus ehrlicher Überzeugung Entscheidungen trifft, also ein echtes und festes Selbstwertgefühl hat (Grün) und zugleich Vertrauen in seine Kraft und Fähigkeit besitzt (Rot), der ist *selbstsicher* (Grün und Rot).

Der Selbstsichere weicht nicht aus. Er ist auch nicht schwach und nachgiebig. Er ist bereit, *Verantwortung* zu übernehmen und aus Überzeugung (Grün) und aus Vertrauen in seine Kraft (Rot) Hilfe zu leisten, wo er es für richtig hält.

Handelt er nach dem kategorischen Imperativ und setzt sein Gefühl der Selbstsicherheit in ein soziales Verhalten um, so ist er hilfsbereit und verantwortungsvoll.

Diese ethische Grundnorm nennen wir hilfsbereite Verantwortung.
Also: Ich-Norm: selbstsicher. Sozial-Norm: hilfsbereite Verantwortung.

Toleranz

Wer sich aus Bescheidenheit einordnet (Blau) und sich zugleich frei und unabhängig fühlt (Gelb), gehört zu den glücklichen Menschen, die sich keine unnötigen Sorgen machen und sich *unbelastet* fühlen. Bei einem unbelasteten Selbstgefühl verhält man sich anderen Menschen gegenüber *tolerant*. Ein toleranter Mensch ist zur Zusammenarbeit bereit. Er ist kooperativ, denn er ist frei von autoritären Machtansprüchen. Er ist auch bereit, Rücksicht zu nehmen, verantwortbare Kompromisse zu schließen, und weiß, daß eine Übereinkunft mit den berechtigten Interessen der anderen angestrebt werden soll.
Also: Ich-Norm: unbelastet. Sozial-Norm: Toleranz.

Aufrichtigkeit

Aufrichtigkeit setzt voraus, daß sich einer *selbständig* fühlt. Wer unter dem Druck einer Abhängigkeit steht, wie z. B. ein Kind, das Verständnislosigkeit und Strafen befürchten muß, wird kaum aufrichtig sein.
Die Selbständigkeit ist eine Verbindung aus den beiden Selbstgefühlen Unabhängigkeit (Gelb) und ehrlicher Überzeugung (Grün). Wer diese Selbstgefühle hat, wer sich ohne materielle, sexuelle oder ideologische Abhängigkeit selbständig fühlt, der kann in seinem

sozialen Verhalten *aufrichtig* und ehrlich sein. Nur solche
Menschen sind glaubwürdig. Also: Ich-Norm: selbständig. Sozial-Norm: Aufrichtigkeit.

Wohl-Wollen

Das Wohl eines anderen wollen ist ein Zeichen von Güte
oder echter Liebe. Gütige Liebe und Wohl-Wollen setzen einen inneren Zustand von *Zufriedenheit* voraus.
Wohl-Wollen ist die Verbindung von zwei Selbstgefühlen, einerseits der Zufriedenheit, also der Bereitschaft,
sich in die gegebenen Möglichkeiten einzuordnen
(Blau), und andererseits dem Selbstvertrauen (Rot).
Denn wohlgemut kann sich nur jemand fühlen, der Vertrauen in seine Kraft und seine Fähigkeiten hat.

An dieser letzten ethischen Grundnorm, dem gütigen
Wohl-Wollen, möchte ich Dir noch einmal zeigen, wie
aus dem Selbstgefühl als innerer Realität durch den kategorischen Imperativ die äußere Realität, die ethische
Handlung entsteht:

Wer Vertrauen in die eigene Kraft besitzt und dabei
zufrieden ist, der fühlt sich wohlgemut. Ihm fällt es
leicht, nach dem kategorischen Imperativ so zu handeln,
daß es»als Prinzip einer allgemeinen Gesetzgebung gelten könnte«, und andere mit gütigem Wohl-Wollen zu
behandeln.

Also: Ich-Norm: wohlgemut. Sozial-Norm: gütiges
Wohl-Wollen.

Die Ich-Normen
und die Sozial-Normen

Die 4 normalen Selbstgefühle sind die Ich-Normen:
Selbstachtung (Grün)
Selbstvertrauen (Rot)
Zufriedenheit (Blau)
innere Freiheit (Gelb)
Sie verbinden sich zu den 6 Selbstgefühlen:

ernsthaft
heiter
selbstsicher
unbelastet
selbständig
wohlgemut

Aus den 6 normalen Selbstgefühlen ergeben sich durch den kategorischen Imperativ die 6 Sozial-Normen (die ethischen Grundnormen).

Ich-Norm	Selbstgefühl	Kat. Imp.	Sozial-Norm
S.achtung Zufriedenheit } ernsthaft		ergibt	Gerechtigkeit
innere Freiheit S.vertrauen } heiter		ergibt	Aufgeschlossenheit
S.vertrauen S.achtung } selbstsicher		ergibt	Verantwortung
innere Freiheit Zufriedenheit } unbelastet		ergibt	Toleranz
S.achtung innere Freiheit } selbständig		ergibt	Aufrichtigkeit
Zufriedenheit S.vertrauen } wohlgemut		ergibt	gütiges Wohl-Wollen

Die ethischen Grundnormen und die 10 Gebote

Inhaltlich ist die Verwandtschaft zu den jüdisch-christlichen Geboten offensichtlich:»Du sollst kein falsches Zeugnis reden« ist ein Gebot zur Aufrichtigkeit. Aufrichtigkeit ist allerdings viel umfassender. Nicht lügen, nicht irreführen ist nur ein Teil der Aufrichtigkeit. Wirklich aufrichtig ist eine Beziehung erst dann, wenn man vorbehaltlos dem anderen mitteilt, was ihn betreffen kann, z. B. daß man sich in jemand anderen verliebt hat. Das Gebot»Du sollst nicht stehlen« ist eine Aufforderung zur Gerechtigkeit. Auch die Gerechtigkeit ist viel umfassender als das Gebot, nicht zu stehlen. Jeder Profit zuungunsten des anderen ist ungerecht. Gerechtigkeit verlangt Fairneß als Grundhaltung. Wer unsachlich ist, wer sich mit Ausreden und faulen Argumenten verteidigt, ist ebenfalls ungerecht.

Wer tolerant ist, tötet niemanden, bloß weil er einer anderen Rasse, einer anderen politischen oder religiösen Gesinnung angehört. Wiederum ist Toleranz in ihrer Bedeutung viel umfassender als das Gebot»Du sollst nicht töten«. Echte Toleranz ist Respekt und Würdigung der Andersartigkeit. Wenn Menschen unter anderen Lebensbedingungen andersartige Verhaltensweisen haben, mindert und berührt das ihre Menschenwürde nicht. Intoleranz ist Ausdruck arroganter Macht oder arroganter Selbstherrlichkeit und Beschränktheit.

Die ethische Norm des gütigen, liebenden Wohl-Wollens kommt im Gebot »Du sollst Vater und Mutter ehren« zum Ausdruck. Es scheint, daß die echte Liebe nicht immer die wichtige Rolle gespielt hat, die wir ihr heute zumessen. Leider wird diese Rolle tatsächlich oft nur gespielt, darum möchte ich im nächsten Abschnitt mit Dir über die echte Liebe sprechen. Vorher wollen wir aber noch bedauern, daß die christliche Religion viel Unheil angerichtet hat, weil sie das ethische Gebot: »Du sollst aufgeschlossen sein« nicht kennt.

Wie anders wäre die Bedeutung und Geschichte der christlichen Kirche, wenn sie dieses Gebot gekannt und angewandt hätte.

Die 6 ethischen Grundnormen habe ich in dem Buch »Signale der Persönlichkeit – Rollenspiele und ihre Motive« (ECON Verlag, Düsseldorf 1988) begründet. Darin werden die Selbstverwirklichung und das unechte Rollenverhalten beschrieben. Denn es ist amüsant zu beobachten, wie der Rot-Typ, der Blau-, der Grün- und der Gelb-Typ sich kleiden, welche Art von Schmuck sie tragen, welche Redensarten sie haben, was ihre Hobbys und was ihre Laster sind und nach welchem Geschmack sie ihre Wohnung einrichten.

Die echte Liebe

Von den 6 ethischen Grundnormen ist das gütige Wohl-Wollen die wichtigste Voraussetzung für die echte Liebe. Aber auch die Aufrichtigkeit und Gerechtigkeit und die hilfsbereite Verantwortung braucht es zur echten Liebe. Auch Toleranz und Aufgeschlossenheit gehören zu den Zeichen einer liebenden Beziehung.

Mir kommt die Aussage »Liebe deinen Nächsten wie dich selbst« wie eine mathematische Gleichung vor: Liebe den Nächsten so, wie Du die Fähigkeit hast, Dich selbst echt zu lieben.

Wie aber findest Du die echte Liebe zur Dir selbst? Worin besteht sie? Diese schwierige Frage ist für uns bereits gelöst: Sie besteht darin, daß Du die 4 Selbstgefühle (Selbstachtung, Selbstvertrauen, Zufriedenheit und innere Freiheit) Dir gegenüber verwirklichst. »Sich lieben« bedeutet also, die normalen Selbstgefühle erstreben und verwirklichen.

Überträgst Du diese Liebe, dieses harmonische Selbstgefühl, auf Deinen Nächsten, bist Du also zu ihm wohlwollend, aufrichtig, gerecht, hilfsbereit, tolerant, aufgeschlossen, so hast Du zu ihm eine liebende Beziehung.

Es hat also seinen guten Sinn, wenn man sagt: »Wer sich selbst nicht liebt, kann auch keinen anderen lieben.«

72

Ich meine, es lohne sich, daß wir uns nach diesen klärenden Einsichten mit einem Hauptthema unseres Lebens, mit der Liebe oder, genauer gesagt, mit unserer Selbstverwirklichung in der Liebe auseinandersetzen. Für Erfolg, Profit und Prestige, für das große Geschäft bringen wir durch Erziehung und Ausbildung meist mehr Wissen und Fähigkeiten mit als für die echte Liebe. Darum wird auch die »Liebe« wie ein Geschäft, als Tausch des eigenen Konsumwertes (Schönheit, Jugend, Intelligenz, Besitz, Sex, Attraktivität, Herkunft und gesellschaftliche Geltung) gegen den Konsumwert eines Partners verrechnet. Wer so rechnet oder »fühlt«, liebt nicht. Ihm imponiert nur die Rolle, die der Partner für ihn darstellt. Er bewundert im Partner jene Vorteile (Schönheit, Intelligenz, gesellschaftliche Geltung, Besitz), die er selbst gerne haben möchte. Wer im Partner das sucht und imponierend findet, was er eigentlich für sich selbst wünscht, der ist »verliebt«. Er glaubt, die große Liebe gefunden zu haben. Aber mit der echten Liebe, mit der wirklich großen Liebe, hat das nichts zu tun. Schlimmer noch, diese Art von Verliebtsein ist ein Hindernis für die echte Liebe.

Was einem selbst fehlt, was man aber gerne sein oder erstreben möchte, das hofft man vom Partner zu bekommen. Der erhoffte Profit mag kommen, aber die Liebe bleibt aus, und die Enttäuschung nimmt deren Platz ein. Wer an der Enttäuschung nicht resigniert, versucht es mit derselben Profithaltung mit einem neuen Partner. Dadurch wiederholt sich auch die Enttäuschung. Je einsamer und infolgedessen je anspruchsvoller jemand geworden ist, desto »liebes«hungriger ist er. Oft versucht er, durch sexuelle Exzesse die deprimierende innere Beziehungs- und Lieblosigkeit zu betäuben. Sexualität, die der Selbstbefriedigung am Partner oder der aggressiven Unterwerfung eines Partners dient, kann sich leicht zur Abhängigkeit und Eifersucht auswachsen, dennoch ist sie nicht die echte, die große Liebe. Auch die Leidenschaft als sexuelle Abhängigkeit ist kein Zeichen echter Liebe. Bei der echten Liebe hingegen ist die Sexualität stets Ausdruck der sensiblen Resonanz und intimen Vertrautheit mit all ihren Spielformen.

Freud, der große Psychologe und Sexualforscher, hat ein Hauptthema der Psychologie, die Liebe, kaum berührt. Obwohl sein Schüler Theodor Reik, besonders aber Erich Fromm und neuere Psychologen der echten Liebe durch sehr wesentliche Darstellungen ihre wichtige Bedeutung in der Psychologie zugewiesen haben, besteht bei manchen Psychiatern und Laien unter dem Einfluß Freuds immer noch die grobe Verwechslung von Liebe mit »sexueller Triebbefriedigung«. Die Liebe des Herzens wird bloß als »Sublimation« des behinderten Sexualtriebes, bloß wie eine Art von Umleitung bei einer gesperrten Straße aufgefaßt.

Wenn also die echte Liebe, die große Liebe, kein Tauschgeschäft auf dem Bedürfnis- und Konsummarkt ist, heißt die Frage nicht mehr: »Wo kann ich die große Liebe und den Partner, von dem ich absolut geliebt werde, finden?«, sondern: »Wie bin ich zur großen Liebe fähig?« Denn das Erlebnis der großen Liebe setzt die Fähigkeit zur echten Liebe voraus.

Zweitrangig ist, wie der Partner sein soll, erstrangig hingegen, wie ich selbst sein muß, um echt lieben zu können.

Die Bedingungen zur echten Liebe erfüllen nur eine Minderzahl von Menschen. Für die Mehrzahl ist die große Liebe zeitlebens eine Illusion geblieben, weil sie diese Kunst nie erlernt haben. Wer die Ideale der Liebe nicht kennt, kann die Kunst zu lieben nicht erlernen.

Psychologen, die der Freudschen Sexualisierung glauben, kennen diese Ideale nicht.

Theologen mit frömmlerischer Befangenheit gegenüber der Sexualität sind als moralistische Gegner der Sinnlichkeit nicht mehr als geschlechtsamputierte Prediger der Liebe. Liebe ohne Sinnlichkeit und Zärtlichkeit ist aber so papieren wie eine Partitur ohne Musik. Auch die Liebeslieder sind fragwürdige Lehrmeister für die Ideale der Liebe. An den Schlagertexten hat gerade das, was am allerdümmsten scheint, »Sterne« und »Ewigkeit«, den tieferen Sinn, daß Ideale (Sterne) der großen Liebe Dauer (»Ewigkeit«) verleihen.

Wer unzufrieden ist, hat zwar Liebe nötig, er möchte geliebt werden, aber er ist selbst zur echten Liebe nicht bereit. Die Zufriedenheit ist erlernbar. Sie setzt einerseits Selbstbescheidung, also Einordnung – natürlich nicht Unterordnung! –, und andererseits Selbstvertrauen, also Vertrauen in die eigene Kraft, voraus.

Diese Antwort wird jene überraschen, die nach einem »idealen Partner« suchen, denn die echte Liebe entsteht durch die Ideale der Selbstverwirklichung. Die Ideale sind einerseits innere Bedingungen – Selbstvertrauen sowie Bescheidenheit – und andererseits Verhaltensweisen gegenüber dem Partner – Toleranz, Hilfsbereitschaft, Aufrichtigkeit und vor allem ein gütiges Wohl-Wollen. Aber diese Voraussetzungen sind deshalb schwer zu erlernen, weil geeignete Vorbilder die Intimsphäre ihrer echten Liebe nicht preisgeben. Die Bilder von Personen, die einem vorgesetzt werden, z. B. der Sprecher der Tagesschau oder ein populärer Schlagersänger, sind noch keine Vorbilder. Dennoch werden die Stars der Publizität (Sänger, Filmschauspieler) im Fernsehen und in Zeitschriften wie Vorbilder hingestellt, weil und damit sie vom Publikum bewundert werden.

Solche Personen sind häufig besonders unbescheiden, selbst wenn sie sich vor dem Publikum gönnerhaft wohlwollend geben. Es ist ein sicheres Zeichen der Unbescheidenheit und Lieblosigkeit, wenn sogenannte »Prominente« die Rotationspresse mit ihrem intimen Privatleben füttern und gar noch durch Autobiographien dokumentieren, daß sie zur Intimität, die man vor Fremden schützt, unfähig sind.

In einer Gesellschaft, wo alles, selbst das angelernte Intimverhalten, dazu dient, eine imponierende Rolle zu spielen, verkümmert die Bescheidenheit und damit die Echtheit und Liebesfähigkeit.

In einer Gesellschaft, wo alles darauf angelegt ist, dem anderen zu imponieren, wird man leicht zum Wichtigtuer. Solche Menschen sind nicht liebesfähig, denn sie tun alles – oft sogar erstaunlich Nützliches – zur Selbstbestätigung und sind selbst noch in der intimsten Begegnung darauf bedacht, wie sie wirken. Sowenig wie der Wichtigtuer, sowenig ist aber auch derjenige zu echter Liebe fähig, der die Rolle der Hilflosigkeit und des Selbstbedauerns spielt. Die Rolle der weinerlichen Hilflosigkeit – »Ohne dich kann ich nicht leben« – wird oft von Frauen als Weibchen-Taktik oder als Kindchenhaltung mit dem entsprechenden Tonfall angewendet.

Wichtigtuerische Selbstbestätigung und kindliche Hilflosigkeit sind beides Rollen, um den anderen autoritär zu beeinflussen. Sie verhindern die Entfaltung eines normalen Selbstvertrauens. Das Vertrauen in die eigene Kraft und die Hilfsbereitschaft gehören aber zu den notwendigen Voraussetzungen der Liebesfähigkeit.

Die zur Liebesfähigkeit notwendige Bescheidenheit wird in einer Gesellschaft, in der Prestige und das wichtigtuerische Imponierenwollen so viel gilt, gering geschätzt.

Durch die Bereitschaft, sich einzuordnen und auf übertriebene Ansprüche mit Rücksicht auf den Partner zu verzichten, entsteht das Gefühl einer Gemeinschaft, also derjenigen Beziehung, die man sich als echte Liebe wünscht. Die rücksichtslose Unbescheidenheit ist häufig der Grund für das Scheitern von Liebesbeziehungen. Viele Männer glauben, ihre Rolle dann richtig zu spielen, wenn sie selbstherrlich und unbescheiden auftreten.

In falsch verstandener Emanzipation imitieren heutzutage viele Frauen gerade diese unechte Rollenhaltung der Männer. Sie meinen, zur Emanzipation gehöre es, sich gleich unbescheiden zu verhalten wie die Männer. Statt einer wirklichen Emanzipation, statt einer echten Befreiung und Selbstverwirklichung, begeben sich solche Frauen in den Zwang, die Männerrolle zu imitieren.

Bescheidenheit, die Voraussetzung zur Zufriedenheit und Liebesfähigkeit, ist Einordnung, aber weder Unterordnung noch Aufopferung. Wer Hilfsbereitschaft mit Aufopferung verwechselt, gibt sich preis; er verleugnet sich. Hilfsbereitschaft aus Liebe erwartet keinen Lohn. Wer sich hingegen »aufopfert«, ist insgeheim berechnend, denn er fordert Dankbarkeit und irgendeine Art von Belohnung.

Jede gute Tat, die aus dem Gefühl der Aufopferung geschieht, erfolgt weder aus Bescheidenheit noch aus echter Liebe. Die Selbstverleugnung ist eine autoritäre Rolle. Man versucht Liebe oder Dankbarkeit und Abhängigkeit zu erzwingen. (»Ich tue alles für dich, damit du mich liebst.«) Liebe läßt sich auch durch Selbstverleugnung nicht erzwingen. Solcher Zwang zeugt von Unbescheidenheit und tötet die Liebe.

Am allermeisten äußert sich die Unbescheidenheit in den Forderungen, die man, vielfach unausgesprochen, an den Partner stellt. Oft verlangt man ein Übermaß an ständiger Aufmerksamkeit oder ein Übermaß an Anerkennung. Zuweilen ist der Anspruch auf Verwöhnung übertrieben, oder man setzt den eigenen Vorteil mit rücksichtslosem Egoismus durch. All diese unbescheidenen Erwartungen führen zu Enttäuschungen und bald einmal zum Ressentiment gegen den Partner. Anzeichen für die innere Abwehr gegen den Partner sind die Überempfindlichkeit, die kritische Eigenwilligkeit, Vorbehalte und das Herumnörgeln oder abweisendes Schweigen und der vorwurfsvolle Trotz. Die Abwehr steigert sich zur inneren Sperrung gegenüber dem Partner und zur sexuellen Gleichgültigkeit oder Ablehnung. Die Folge der Unbescheidenheit ist zuerst Distanzierung, dann Isolierung und zuletzt die Trennung. Echte Bescheidenheit und echtes Selbstvertrauen sind daher Voraussetzungen für eine erfüllte, harmonisch gestaltete Liebesbeziehung.

Noch ein anderes Ideal, das der inneren Selbständigkeit, gehört zu den Richtlinien des Liebens. Wer sich abhängig fühlt von materiellen, sexuellen oder gesellschaftlichen Ansprüchen, wird sich an einen Partner anklammern, weil er Sicherheit sucht. Wer aus Abhängigkeit»liebt« oder deswegen an einen Partner gebunden bleibt, der findet die große Liebe nicht. Wer sich abhängig fühlt, kann weder nach seiner wahren Überzeugung leben noch dem Partner gegenüber offen und aufrichtig sein. Wer innerlich nicht selbständig geworden ist, bleibt unfrei. Er lebt in einer Abhängigkeit, die Haß erzeugt und alle Liebe tötet.

Ich möchte hier nicht die zahllosen Irrformen der Liebe, die sexuellen, materiellen und gesellschaftlichen Profit- und Frustrationshaltungen aufzählen, sondern die inneren Voraussetzungen aufzeigen, die einen Menschen zur echten, großen Liebe fähig und bereit machen. Dennoch kann von hier aus auch die zweitrangige Frage beantwortet werden: »Wer wäre ein geeigneter Partner zur großen Liebe?«

Es sind jene Menschen, die durch diese selben Eigenschaften ebenfalls liebesfähig sind und die Kunst erlernt haben, nach den Idealen der Selbständigkeit und Zufriedenheit, des Selbstvertrauens und der Bescheidenheit zu lieben, und sich deshalb dem Partner gegenüber tolerant und hilfsbereit, aufrichtig und aufgeschlossen verhalten.

Die große, die echte Liebe ist keine Illusion. Aber sie wird von vielen Menschen nie und von der Mehrzahl nur kurzfristig und nur partiell erlebt, weil sie eine Kunst ist, die gelernt und wie jede Kunst geübt und ausgeübt werden muß.

Die hier aufgezeigten Ideale – Selbstbescheidung und Selbstvertrauen und gütiges Wohl-Wollen aus innerer Zufriedenheit sowie Aufrichtigkeit, hilfsbereite Verantwortung und Toleranz – sind notwendige Voraussetzungen für eine echte, harmonisch gestaltete Liebesbeziehung.

Du kannst diese Ideale als Prüfliste nehmen. Mit ihr kannst Du Deine Einstellung zum Partner und Deine Art, mit ihm zu sprechen und zu verkehren, kontrollieren.

Die große Liebe wird nicht bloß als sexuelle Partnerschaft, sondern als echte Gemeinschaft erlebt. Die Ergänzung zur wahren Partnerschaft bildet einen wesentlichen Teil der Selbstverwirklichung. Partner können zwar verschiedene Interessen und Meinungen haben, aber sie tolerieren sich und stimmen in jedem Falle in ihren Idealen überein. Darin – und nur darin! – muß eine völlige Übereinstimmung bestehen. Eine Partnerbeziehung, in der dieses Ideal der Übereinstimmung zur gegenseitigen Erfahrung und Gewißheit wird, das ist die echte, die große Liebe. In dieser Übereinstimmung besteht die echte Intimität.

Checkliste und Leitsätze
für das innere Gleichgewicht

Wenn Dein Auto nicht mehr fährt, kannst Du's zum Mechaniker bringen. Wenn Dein inneres Gleichgewicht gestört ist, kannst Du zum Psychiater gehen. Im Gegensatz zum Mechaniker, der Dein Auto repariert, kann Dir aber der Psychiater Dein Gleichgewicht nicht reparieren. Das mußt Du nämlich in jedem Falle selber tun. – Denk an das Fahrradgleichnis. – Er kann Dir bestenfalls eine Anleitung geben, wie Du Dich selbst wieder ins Gleichgewicht bringst.

So wie es Handbücher für Autos oder Haushaltsapparate gibt, die eine Anweisung enthalten, wo bei Störungen die Fehler zu suchen sind, so kannst Du diese Checkliste als Anleitung benützen, um Störungen Deiner Selbstgefühle oder die Ursache von Konflikten zu finden.

Ich habe nicht die Illusion, daß neurotische Charakterentwicklungen auf diese einfache Weise saniert werden könnten. Wenn Du hingegen seelisch gesund bist, aber aktuelle Schwierigkeiten hast, die Du verstehen und lösen möchtest, wenn Du mit Deinem Partner im Konflikt lebst, wenn Du Sorgen hast, unter Einsamkeit leidest oder Dich eine bittere Enttäuschung kränkt oder wenn Du ein 4-Farben-Mensch zu werden oder zu bleiben beabsichtigst, dann können Dir diese Checkliste und die zugehörigen Leitsätze behilflich sein.

Falls Du in der nachfolgenden Checkliste bei Dir typische Fehlhaltungen feststellst, dann kannst Du unter dem entsprechenden Check den Leitsatz finden, der Dir zeigt, wie Du Deine innere Haltung ändern kannst. Damit der Leitsatz wirksam wird, solltest Du ihn beim Einschlafen und Aufwachen, im autogenen Training, im Auto, am Schreibtisch oder auf den Spiegel geklebt so oft vergegenwärtigen, bis er Dir in Fleisch und Blut übergeht.

Dale Carnegie hat in »Sorge Dich nicht – lebe!« unter anderen folgendes Rezept gegeben, wie Du Deine Sorgen und Probleme bewältigen kannst:

1. Schreib auf, was Dich sorgt oder beunruhigt. Stell den Tatbestand genau fest.
2. Analysiere ihn. Frag Dich, was schlimmstenfalls eintreten kann.
3. Frag Dich, was Du dagegen tun kannst.
4. Faß einen Beschluß und setz fest, wann Du ihn ausführst.

Ihm verdanke ich außerdem folgende Zitate, die ich der Checkliste voranstellen möchte:

Montaigne: »Der Mensch erleidet nicht soviel durch das, was ihm zustößt, wie durch die Art, wie er dieses Geschehen hinnimmt.«

Mark Aurel: »Unser Leben ist das, wozu unsere Gedanken es machen.«

Abraham Lincoln: »Die meisten Menschen sind ungefähr so glücklich, wie sie sich zu sein vornehmen.«

Wer noch kein Hans im Glück ist, dem rät Seneca: »Fang jetzt zu leben an, und zähle jeden Tag als ein Leben für sich!«

Der blaue Check

Bist Du in Deinen Ansprüchen bescheiden genug? Bist Du zufrieden? Bist Du ein Diogenes? Ordnest Du Dich in die gegebenen Möglichkeiten ein?

 Oder bist Du ein gutmütiger Engel?
Ist die Selbstpreisgabe Deine Schwäche?

a. Gibst Du Dich an einen Menschen preis, weil Du glaubst, Dir so seine Liebe einhandeln zu können?
b. Bewunderst Du andere (Respektspersonen), um Dich bei ihnen beliebt zu machen?
c. Heuchelst Du Gefühle und Sympathie vor, um anderen gefällig zu sein? Ist Deine gefühlvolle Anteilnahme nur ein taktisches Manöver?
d. Unterdrückst Du Deine echten Gefühle, um andere nicht zu verletzen oder um selbst nicht unsympathisch zu wirken?
e. Gibst Du Dich durch Nachgiebigkeit den anderen preis und läßt Dich ausbeuten?

Besonders, falls Du mehrere dieser Fragen mit Ja beantwortet hast, empfehle ich Dir folgenden Leitsatz für Dein inneres Gleichgewicht:

Statt mich preiszugeben und meine wirklichen Ansprüche zu verleugnen, werde ich meine Forderungen stellen oder die Konsequenzen ziehen.

1 Oder bist Du ein unzufriedener Teufel?
Ist die Selbstunzufriedenheit Deine Schwäche?

a. Hast Du das Gefühl, die anderen verstehen Dich nicht, trägst selbst aber zu wenig dazu bei, daß sie

82

Dich besser verstehen lernen und eine Übereinstimmung zustande kommt?

b. Hast Du das Gefühl, daß Du niemandem vertrauen und Dich auf niemanden verlassen kannst, weichst aber der klärenden Aussprache aus?

c. Entbehrst Du das Gefühl der vertrauensvollen Zweisamkeit, gehst selbst aber auch nicht mit Geduld und Verständnis auf den anderen ein?

Besonders, falls Du mehrere dieser Fragen mit Ja beantwortet hast, empfehle ich Dir folgenden Leitsatz für Dein inneres Gleichgewicht:

Ich werde mehr liebevolles Verständnis und Geduld aufbringen und die Beziehung selbst so gestalten, daß sie harmonisch ist, statt mich abzuwenden, wenn mir etwas nicht paßt.

Der grüne Check

Ist die Selbstachtung erfüllt?
Bist Du ein Edelmann? Lebst Du nach Deiner ehrlichen Überzeugung?

Oder bist Du ein eingebildeter Pfau?
Ist die Selbstüberschätzung Deine Schwäche?

B

a. Machst Du Dich zum Gefangenen Deiner Autoritätsrolle und Deines Geltungsanspruchs?

b. Bist Du ein Opfer Deines Erfolges, Deiner Schönheit, Deines Besitzes, Deiner Intelligenz, Deiner feinen Abstammung oder eines anderen Privilegs, auf das Du Dir etwas einbildest und das Du noch nicht verdaut hast?

83

c. Gehörst Du zu den Besserwissern oder zu denen, die sich mit kritischen Vorbehalten großtun?

Besonders, falls Du mehrere dieser Fragen mit Ja beantwortet hast, empfehle ich Dir folgenden Leitsatz für Dein inneres Gleichgewicht:

Ich werde mich einordnen und mich den gegebenen Möglichkeiten anpassen, statt mich auf meinen Stolz zu versteifen.

2 Oder bist Du eine wendige Schlange?
Sind Selbstzweifel Deine Schwäche?
a. Bist Du von Lob und Tadel abhängig und läßt Dich von Prestigevorteilen verführen?
b. Fehlt Dir der Mut, Du selbst zu sein, und flüchtest Du Dich in Modegags und spielst eine Pseudopersönlichkeit?
c. Verschiebst Du auf morgen, wovon Du weißt, daß Du jetzt und heute die Entscheidung treffen müßtest?
d. Flüchtest Du in Ausreden, um der Entscheidung und der Tat auszuweichen?
e. Bist Du nicht bereit, Verzichte auf Dich zu nehmen? Tust Du das nicht, was Du als wichtig und notwendig erkannt hast?

Besonders, falls Du mehrere dieser Fragen mit Ja beantwortet hast, empfehle ich Dir folgenden Leitsatz für Dein inneres Gleichgewicht:

Ich sehe die Aussichtslosigkeit meiner Ansprüche ein und werde mich entscheiden, entweder zu verzichten oder aber zu tun, was für mich notwendig ist.

Der rote Check

Ist das Selbstvertrauen erfüllt?
Bist Du ein Robinson? Wendest Du deine körperlichen und geistigen Kräfte und Fähigkeiten an? Sagst Du: »Ich will es versuchen«? Hast Du den Mut zum Risiko?

Oder bist Du ein wichtigtuerischer Angeber und überforderst dich?

C

Ist die Selbstübersteigerung Deine Schwäche?
a. Bist Du ein Angeber, der die anderen mit seinen Leistungs- oder Sexerfolgen oder mit seinen prominenten Freunden langweilt?
b. Tust Du Dich damit wichtig, daß Du keine Zeit hast?
c. Tust Du Dich hervor, und zeichnest Du Dich durch Deine Kleidung, durch einen attraktiven Partner, Deine Wohnung, Deine Titel als Prahlhans aus?
d. Versuchst Du dem Sexpartner zu zeigen, daß Du ein guter Liebhaber bist?

Besonders, falls Du mehrere dieser Fragen mit Ja beantwortet hast, empfehle ich Dir folgenden Leitsatz für Dein inneres Gleichgewicht:

Ich werde in aller Ruhe prüfen, was für mich wirklich wichtig ist, statt imponieren zu wollen und mich auf kostspielige Angeberei oder gefährliche Risiken einzulassen.

Oder bist Du ein gequälter Märtyrer?

3

Ist das Selbstmitleid Deine Schwäche?
a. Wälzt Du die Verantwortung für Dich auf andere ab? Gibst Du einem anderen Menschen oder den Umständen die Schuld für Dein Mißbehagen, und kostest Du Dein Selbstmitleid aus?

85

b. Hast Du Dich von Deinem Partner oder von Deiner beruflichen Situation abhängig gemacht, und siehst Du darin einen Grund, Dich zu bemitleiden?

c. Läßt Du Dir gerne helfen, und nimmst Du die Fürsorge von anderen auch dann in Anspruch, wenn Du es genausogut selbst tun könntest?

Besonders, falls Du mehrere dieser Fragen mit Ja beantwortet hast, empfehle ich Dir folgenden Leitsatz für Dein inneres Gleichgewicht:

Ich darf keinen Zustand hinnehmen, unter dem ich dauernd leide. Statt mich ins Selbstmitleid fallenzulassen, werde ich versuchen, mein Ziel aus eigener Kraft zu erreichen.

Der gelbe Check

Ist die innere Unabhängigkeit und Freiheit erfüllt? Bist Du ein Hans im Glück? Nimmst Du Deine Möglichkeiten wahr? Kannst Du Dich entfalten?

D Oder bist Du ein erwartungsvoller Phantast?
Ist die illusionäre Selbstflucht Deine Schwäche?

a. Flüchtest Du in Tagträumereien, von denen Du weißt, daß Du diese Wünsche nicht ernsthaft verwirklichen willst?

b. Möchtest Du mit wenig Arbeit viel Geld verdienen und überhaupt vieles haben, ohne auf anderes, was Dir lieb ist, verzichten zu können?

c. Neigst Du zum Wunschdenken und redest Dir ein, es wird schon so werden, wie Du hoffst? Machst Du Dir etwas vor, wenn Du in Wirklichkeit unsicher bist und eigentlich Zweifel hast?

Besonders, falls Du mehrere dieser Fragen mit Ja beantwortet hast, empfehle ich Dir folgenden Leitsatz für Dein inneres Gleichgewicht:

Ich werde erkennen, ob ich Illusionen nachjage und mich dabei über meine innerlich unbefriedigende Situation hinwegtäusche, statt sie in Ordnung zu bringen.

Oder bist Du ein defensiver, gewappneter Ritter? **4**
Ist der Selbstzwang Deine Schwäche?

a. Bist Du ein Gefangener Deiner Angst vor Blamage (»Was werden die anderen sagen?«)?
b. Fehlt Dir der Mut, Deine Wünsche zu fühlen, auszudrücken und danach zu handeln?
c. Bist Du von der Anerkennung anderer oder von Deiner Selbstbestätigung abhängig? Hast Du das Gefühl, Du müßtest Deinen Wert ständig durch besondere Erfolge oder Leistungen beweisen?
d. Ärgert Dich eine bittere Enttäuschung, oder leidest Du unter Eifersucht, statt daß Du als Hans im Glück dem Verlust und der Sorge Lebewohl sagst und Dich neuen Freuden öffnest?
e. Stehst Du unter dem Zwang, einem Vorbild an Erfolg oder Tugend nacheifern zu müssen, statt unabhängig und Du selbst zu sein?
f. Bist Du von der Bestätigung durch andere abhängig, und ärgert Dich ungerechte Kritik, statt daß Du in ihr Neid und heimliche Anerkennung siehst?

Besonders, falls Du mehrere dieser Fragen mit Ja beantwortet hast, empfehle ich Dir folgenden Leitsatz für Dein inneres Gleichgewicht:

Ich darf mich unter keinen inneren Zwang setzen und meine Ansprüche nicht übertreiben. Ich will mich für alle Möglichkeiten offenhalten und die geeigneten wahrnehmen.

II. Teil

Der Nicht-
4-Farben-
Mensch

**Anleitung
zur Farbscheibe**

Die Zieltaktik
und die Abwehrtaktik

Es ist sonnenklar, es gibt zwei Arten von Menschen: die Normalen und die anderen. Die 4-Farben-Menschen sind die ersten, und die anderen sind die letzten. Da Du Dich zu den Normalen zählst, können wir offen über die anderen reden. Sie fallen aus der Norm. Sie fühlen sich entweder als minderwertige Zwerge oder als überlegene Riesen. Wenn Du sie durchschaust und ihnen nicht bloß zuschaust, wie sie ihre Rollen spielen, wird Dir klar, daß in jedem Riesen ein ängstlicher Zwerg und in jedem Zwerg ein hochmütiger Riese steckt: Wer sich wichtig tut, hat's nötig. Er fühlt sich insgeheim als kleiner Wicht.

Nur der Normale, nur der 4-Farben-Mensch, zeigt sein wahres Gesicht. Alle anderen tragen einen Januskopf zur Schau mit einer Vorderseite und einer Rückseite.

Die Vorderseite zeigt die Pose, die einer spielen will. Mit der Pose will er Dir beibringen, was Du von ihm zu halten hast, z.b. daß er überlegen, selbstsicher, reich, intelligent, gesellschaftlich beliebt oder liebevoll, zärtlich, fürsorgend oder reizvoll, attraktiv, romantisch, phantasievoll und erotisch vielversprechend sei. Die Pose ist eine Taktik, um den anderen auf eine bestimmte Weise zu beeindrucken oder ihn zu beeinflussen und ein erwünschtes Ziel zu erreichen.

91

Aber jede Vorderseite hat auch noch eine Rückseite. Wer z.B. den wichtigtuerischen Angeber herauskehrt und zu verstehen gibt, wieviel er zu tun und wie wenig Zeit er habe, und wer seine Wichtigkeit und Verantwortung durch Ausbrüche von theatralischem Ärger dokumentiert, der hat Angst, nicht für wichtig genommen zu werden. Die Rückseite nämlich verrät Dir die Ursache für das eigenartige Verhalten. Wer mit einer bestimmten Pose auftritt, versucht insgeheim, eine bestimmte Ursache zu verdecken.

Wer durch Ärger oder durch die Redensart »Ich habe keine Zeit« oder »Ich trage die ganze Verantwortung« seine Wichtigkeit betont, findet, er werde zuwenig wichtig genommen oder er fühlt sich der Situation nicht gewachsen. Er kommt sich insgeheim als Hampelmann und als gequälter Märtyrer vor. Der Topmanager, der Konzerne fusioniert, wie seine Gattin Eier in die Pfanne schlägt, kann sich gegenüber dem quälenden Gejammer seiner Gemahlin hilflos unterlegen fühlen. Wenn er dem Gejammer nachgibt und mit tröstender Stimme säuselt: »Schätzchen, du hast Erholung genauso nötig wie ich«, ist der Supermann in die Rolle des Hampelmanns geschlüpft. Er unterwirft sich, um sich mit dem autoritären Gejammer seiner Frau nicht auseinandersetzen zu müssen. Auch das ist eine Taktik, um eine unerwünschte Situation abzuwehren.

Taktik ist zuweilen nötig. Du und ich und manche andere werden sich gegen eine unerwünschte Situation zur Wehr setzen. Wir werden Mittel suchen und Wege finden, um sie abzuwehren. Diese Haltung nennen wir künftig *Abwehrtaktik*.

Sehr oft müssen wir geeignete Mittel suchen und den Weg finden, um eine erwünschte Situation herbeizuführen. Diese Absicht nennen wir künftig *Zieltaktik*.

Wenn's sein muß, greifst Du zur Taktik und führst das Florett mit leichter Hand. Gerade weil Deine Selbstverwirklichung in der Auseinandersetzung mit der Wirklichkeit besteht, ist es zuweilen zweckmäßig, eine wohlüberlegte Abwehrtaktik anzuwenden und nach einer weitsichtigen Zieltaktik vorzugehen.

Es gibt also drei verschiedenartige Situationen:

1. Du bist als 4-Farben-Mensch mit der Wirklichkeit in Harmonie und bist von der Situation erfüllt. Du stimmst mit ihr überein. Du hast als 4-Farben-Mensch das Gefühl der Harmonie im zärtlichen Lusterleben oder im aha-erfüllten Zwiegespräch, auf dem Pferderücken oder auf den Skiern im tänzerischen Schwung Deines Körpers.

2. Du bist mit der Situation unzufrieden. Du lehnst sie ab. Du wehrst Dich mit einer Abwehrtaktik, die Du für zweckmäßig hältst.

3. Du wünschst Dir eine andere, bessere Situation. Du verfolgst sie mit einer Zieltaktik, die Du für zweckmäßig hältst.

Wenn es ohne Ziel- und Abwehrtaktik geht, legst du als 4-Farben-Mensch den Schild Deiner Abwehrtaktik und den Pfeil Deiner Zieltaktik so schnell als möglich wieder beiseite und kehrst zu Deinem geliebten Gleichgewicht (=) zurück.

So handelt der 4-Farben-Mensch; nicht aber der Durchschnittsmensch. Der bleibt ein unverbesserlicher Michael Kohlhaas, eine ewig zu kurz gekommene Hyäne oder ein Sack voll Selbstmitleid. Die Abwehr wird dann zur fixierten (neurotischen) Abwehrhaltung: zur chronischen Enttäuschtheit und zum Mißtrauen; zur chronischen Unzufriedenheit und zur vereinsamenden Entfremdung; zum chronischen Beleidigtsein und zur Überempfindlichkeit; zur chronischen Unterlegenheit und zur Resignation.

Zu jeder Rückseite gehört eine Vorderseite, zu jeder Abwehrtaktik eine Zieltaktik. Darum verschwendet der Durchschnittsmensch seine Zeit damit, zu beweisen, daß er im Wüstensand der menschlichen Gesellschaft das wichtigste Sandkorn sei. Er ist bemüht, sich als Zwergprominenz Aufmerksamkeit zu verschaffen, sich auf Partys beliebt zu machen, sich mit imponierendem Besitz zu belasten, sich die freien Tage mit Ehrenämtern auszufüllen, sich mit extravaganten Hobbys als interessante Persönlichkeit zu profilieren oder aber sich in tagträumerischen Phantasien seine Luftschlösser zu möblieren.

All diese Lebenstaktiken, die Abwehrtaktiken gegen Unerwünschtes und die Zieltaktiken, um erwünschte Situationen herbeizuführen, will ich Dir jetzt so genau beschreiben, daß Du sie schnell durchschaust, wenn sie Dir im täglichen Leben begegnen.

Die Typologie des
Nicht-4-Farben-Menschen

Was wir vorhaben, ist nichts Geringeres als eine Typologie aller Nicht-4-Farben-Menschen. Wir können die Erfahrungen, die mit dem Farbtest an Hunderttausenden von Menschen in fast allen Kulturländern der Welt gewonnen wurden, zu einem neuartigen Test verwenden, der den großen Vorteil hat, daß Du jeden Beliebigen damit analysieren und besser verstehen kannst, ohne daß er zugegen sein muß. Du mußt ihn aber so gut kennen, daß Du deutlich spürst, welche von den 4 Zieltaktiken er anwendet und welche von den 4 Abwehrtaktiken für ihn typisch ist. Du weißt aus Hunderten von Signalen (Kleidung, Bewegung, Blick, Stimme, Redensarten, Interessenrichtung, Wohnungseinrichtung usw.), zu welchem Typ jemand vorrangig einzuordnen ist.

Eine ausführliche Beschreibung dieser Grundtypen, ihrer Vorlieben und Verhaltensweisen findest Du in meinem Buch »Signale der Persönlichkeit – Rollen-Spiele und ihre Motive« (ECON Verlag, Düsseldorf 1988).

Die 8 Haupttypen

Im folgenden beschreibe ich

die Zieltaktik

des Blau-Typs bei	A Der gutmütige Engel
des Grün-Typs bei	B Der eingebildete Pfau
des Rot-Typs bei	C Der wichtigtuerische Angeber
des Gelb-Typs bei	D Der erwartungsvolle Phantast

die Abwehrtaktik

des Blau-Typs bei	1 Der unzufriedene Teufel
des Grün-Typs bei	2 Die wendige Schlange
des Rot-Typs bei	3 Der gequälte Märtyrer
des Gelb-Typs bei	4 Der gewappnete Ritter

Der Blau-Typ   **A**

Zieltaktik: **Der gutmütige Engel** (+ Blau)

Selbstgefühl: Selbstverleugnung
Verhalten: Anpassung
              Nachgiebigkeit
              Kompromißbereitschaft
Ziel: Befriedigung
              Entspannung
              konfliktlose Ruhe

Hast Du das Gefühl, Du seist ein guter Mensch? Ja? Dann will ich Dir einen besseren nennen: den gutmütigen Engel. Natürlich kein Engel mit Flügeln, sondern mit Händen, die lauter Gutes tun.

Empfindest Du auch eine unausgesprochene Bewunderung, wenn Dir im Spital eine Ordensschwester als weißer und ebenso heiliger Engel entgegenkommt oder wenn Dir eine gewöhnliche Krankenschwester als nicht weniger weißer Engel begegnet? Hast Du auch das Gefühl, daß Du kein so guter Mensch seist, weil Du solch einen Engel zwar gerne bewunderst, aber nicht gerne einer sein möchtest? Die gutmütigen Engel sind Blau-Typen. Sie leben für den Frieden (»Hört doch auf zu streiten«, »Seid doch nett zueinander«, »Das ist doch alles nicht so schlimm«). Sie spenden Frieden und jede Art von Befriedigung sowohl für die Seele als auch für den Oberkörper. Die gutmütigen Engel sind nicht nur bescheiden (»Man kann doch nicht alles haben«), sondern sie haben den Ehrgeiz, bescheiden zu sein (»Geben ist seliger denn nehmen«). Sie sind stolz darauf, daß sie dienen dürfen, daß sie sich demütig unterwerfen und sich selbst verleugnen. Sie gehorchen aus Überzeugung. Aus Überzeugung, daß es sich lohne. In der Hilfe und Fürsorge kann sich der gutmütige Engel siegesbewußt entfalten. Er hat den sicheren Instinkt für die Schwachen und die Schwächen seiner Opfer. Was aber hat der gutmütige Engel davon? Worin liegt sein Profit bei all dem Bemuttern und Sich-aufopfern? Der gutmütige Engel erwartet, daß das Opfer seiner Opfer sich zu ewiger Dankbarkeit und Anhänglichkeit versklave. Die verwöhnten und dadurch abhängig gewordenen Kinder und Partner glaubt er sich als Proviant für einsame Stunden oder als Altersfürsorge anlegen zu können. Der gutmütige Engel meint, sich mit seiner Liebe und Fürsorge eine langfristig laufende Obligation zu erwerben, die ihm später einmal von den eigenen Kindern oder von dem an Abhängigkeit gewohnten Partner oder allerspätestens von der himmlischen Gerechtigkeit zurückbezahlt werde. Der gutmütige Engel paßt sich immer an; dem Frieden zuliebe. Er stellt seine Ansprüche zurück (»Man kann doch nicht so sein«) und macht den Kompromiß zur Lebenshaltung. Damit untergräbt er seine normale Selbstachtung. Aber sogar hier redet er sich ein: »Das ist doch alles nicht so schlimm.« Er überläßt nicht nur die Honorierung seiner guten Taten dem lieben Gott (»Vergelt's Gott«), sondern auch das Weichenstellen (»Es kommt doch, wie es kommen muß«). Diese »himmlischen Heerscharen« tragen gerne die Engelsuniform des Seelsorgers, der Ordensbrüder, der Krankenschwester oder Heilsarmee. Um die familiäre Vertrautheit zu betonen, sprechen sie sich als Bruder und Schwester an. Das Bedürfnis nach einer innigen, körperlichen Vereinigung heucheln sie nicht selten weg von der Bildfläche. Drum ist es oft als unbefriedigter Drang auf der Rückseite des Heiligenbildes wiederzufinden.

Der gutmütige Engel unterdrückt in sich sehr häufig den unzufriedenen Teufel. Er füttert seinen Teufel mit Singen und Beten. Der Engel will den Teufel in sich bekehren. Dabei wendet er sich aber meist mit Moralisieren und Missionieren an jede andere statt an seine eigene Adresse.

Auch an seinen Gebärden kannst Du den gutmütigen Engel erkennen. Er neigt den Kopf zur Seite, macht den Buckel eines Hoteldieners und kriecht Dir mit Stielohren entgegen. Obwohl er sich Dir einfühlsam, feinfühlig und verständnisvoll zuwendet, ist er oft nur ein passiver Gesprächspartner.

Das Sprechtempo ist ruhig, die Stimme klingt eher weich. Gutmütige Engel sind oft Ästheten, kleiden sich gepflegt und eher traditionell. Auf keinen Fall sind sie extravagant angezogen. Sie tragen lieber Uni als auffallende Muster und eher dezente Farbtöne.

Wenn sie Schmuck tragen, dann nicht viel und keinen auffällig großen. Hingegen ist er entweder ästhetisch auserlesen oder traditionell und wird oft als Andenken getragen.

Der gutmütige Engel hat einen ruhigen, leicht verhängten Blick, zuweilen sogar die traurig-treuen Augen eines Bernhardinerhundes. Eine Hunderasse übrigens, die er neben dem Neufundländer oder auch dem Cokker-Spaniel besonders mag.

Wenn gutmütige Engel nicht bloß ihre gewohnte Liebenswürdigkeit zeigen, sondern wirklich lieben, dann können sie durch ihre große Hingabefähigkeit eine unerwartet starke erotische Innigkeit entfalten. Dann verschmelzen gutmütiger Engel und unzufriedener Teufel zur erfüllten Liebe der Normalität.

1 Abwehrtaktik: **Der unzufriedene Teufel** (− Blau)

Selbstgefühl: Selbstunzufriedenheit
Verhalten: Unruhe, Agitiertheit, Gier, hat Angst, zu kurz zu kommen
Abwehr: gegen Unbefriedigtheit
gegen Entbehrung
gegen reizlose Leere
gegen Langeweile
gegen den depressiven Sog

Männer und Frauen, die in der ersten halben Stunde attraktiv, in der zweiten nervtötend und in der dritten wieder alleine sind, kommen nicht aus der Hölle, sondern bringen jeden hinein, der in der ersten Runde unterliegt. Die quirlige Fröhlichkeit, die hektische Faszination, die begeisterte Aufgeschlossenheit ist beim unzufriedenen Teufel ein Strohfeuer, das lichterloh brennt, solange er nicht vom »depressiven Sog« hinuntergezogen wird, sondern aus dem Loch der Einsamkeit auftaucht.

Sein Problem ist, ob er das Gefühl der Zugehörigkeit und der inneren Verbundenheit mit einem Partner findet und ob er sich in einer Gemeinschaft vertraut fühlt. Er hat durch eine frühkindliche Störung in der Beziehung zur Mutter die entspannte Vertrautheit nie kennengelernt. Es fehlt ihm die feste Grundlage des Vertrauens, die später alle Empfindlichkeiten und Konflikte zu überdauern vermag.

Diese innere Isoliertheit kann zur depressiven »Gemütserkrankung« führen. Sie wird entweder mit Alkohol und Tranquilizern zu betäuben versucht, oder aber der unzufriedene Teufel entflieht dem depressiven

Sog durch eine hektische Betriebsamkeit. Dadurch ist er »aufgedreht«, was der Psychiater als »agitiert« bezeichnet. Wegen der inneren Isoliertheit und der Unfähigkeit zur vertrauensvollen Hingabe empfindet der unzufriedene Teufel die Beziehung zu seinen Nächsten als mehr oder weniger leer. Darum lebt er unter dem Eindruck: Das ist zuwenig, ich will mehr. Er fühlt sich emotional und daher oft auch sexuell unterernährt. Was ihm zur Zeit geboten wird, findet er auf alle Fälle mager und unbefriedigend. Darum ist er erlebnishungrig: »Warum soll ich immer verzichten?« – »Jetzt will ich einfach auch einmal.«

Dauert, wie in der Regel, der Zustand an, wird die Gier zur Sucht. Neben dem Alkohol dient besonders das Rauchen zur ständigen Reizbefriedigung. (Im Farbtest lehnen von 5300 untersuchten Rauchern diejenigen, die starke Zigaretten inhalieren, Blau häufig ab.)

Der unzufriedene Teufel hat nur den einen Mund als Schlot und Zigarettenhalter und nur den einen Schlund als Alkoholtraufe, dafür aber zwei Augen und einen Fernsehapparat, um seinen Drang nach mehr zu betäuben. Er hat auch ein Argument dafür: die Tagesschau. Sie dient ihm nicht nur als Sensationsfutter, sondern zugleich als Vorwand und Vorspann für das nachfolgende Irgendwas.

Der unzufriedene Teufel betäubt sich mit starken Reizen und verstärkt sie durch Abwechslung. Durch seine geringe innere Hingabe an den Partner bleibt die erfüllende Befriedigung bald aus und veranlaßt ihn, stets neue Partner zu suchen. Er wird zum Don Juan. Sie wird zur Honig sammelnden Biene.

Falls ein unzufriedener Teufel von mir ein Zertifikat verlangen sollte, würde ich ihm bescheinigen: Kann sich in die gegebenen Möglichkeiten nicht einordnen; ist zur

Selbstbescheidung unfähig; darf als unzufriedener Teufel empfohlen werden.

Hoffentlich kannst Du Dich so weit in den unzufriedenen Teufel einfühlen, daß Du weißt, womit Du bei ihm zu rechnen hast. Er glaubt, zu kurz zu kommen, weil er die Situation, die Beziehung oder Bindung, in der er lebt, als leer, langweilig und zu arm an Reizen und Abwechslungen empfindet. Er glaubt,»frustriert« zu sein und entbehren zu müssen, was zu seiner inneren Zufriedenheit erforderlich wäre. Du hast also mit einem Vulkan zu rechnen, in dem es ständig brodelt. Das spürst Du an seiner Empfindlichkeit. Daß der Vulkan immer heiß und unberechenbar ist, spürst Du an seiner Gereiztheit. Daß der Vulkan plötzlich explosiv ausbrechen und mächtige Felsbrocken herausschleudern kann, das spürst Du an Deinem Kopf.

Daß heiß gekocht wird, siehst Du beim Vulkan am Ausbruch und beim unzufriedenen Teufel am Ausdruck. Sein Blick kann bei hoher Erregung zu einer raschen Pendelbewegung werden. Die Zunge stößt vor bis außen an die Oberlippe. Oft wedelt sie dort erregt hin und her. Die ungeduldigen Teufelchen trommeln gerne mit den Fingern auf den Tisch, und unterm Tisch wippen ihre Füße. Andere drehen einen Haarbüschel um den Zeigefinger oder nesteln an ihren Kleidern herum. Das gierige Saugen beim Zigarettenrauchen verrät, daß ihre Erregtheit aus dem Gefühl der Leere kommt. Andere saugen sich die Zwischenräume zwischen den Zähnen frei, um ihrer ungestillten Gier eine Betätigung zu geben.

Redensarten verraten die innere Haltung besonders deutlich. Weil der unzufriedene Teufel reizbar und ungeduldig ist, ja sich vom Partner innerlich schon abgewandt hat und fast täglich weglaufen will und mit diesem Vorsatz vielleicht sogar schon bis zum Bahnhof gekommen ist, findet er:»Ach, es hat ja doch alles keinen Sinn.«

Die unzufriedenen Teufel größeren Formats leisten sich hysterische Szenen und zwingen Partner und Angehörige, Kochtöpfe und Blumenvasen, an einem wahren Hexentanz teilzunehmen.

Den unzufriedenen Teufel kannst Du auf hunderterlei Arten erkennen. Daran, wie dick er die Butter auf das Brot streicht oder wie oft er die Möbel und überhaupt alles, was nicht niet- und nagelfest ist, umstellt, ändert und vergrößert. Wer den Partner wechselt, sobald er mit ihm intim geworden ist, wer von Schuhgeschäften, von Modehäusern oder Schmuckgeschäften angezogen wird wie der Rüde von einer läufigen Hündin oder wer nur einkauft, um seine Unzufriedenheit, Enttäuschung und Leere zu betäuben, den mußt Du zu den unzufriedenen Teufeln zählen.

Bejaht ein unzufriedener Teufel die folgenden Aussagen, sind Tranquilizer und eine psychiatrische Beratung angezeigt: Ich reagiere in letzter Zeit immer so gereizt und aufbrausend. Ich fühle mich innerlich dauernd so unruhig und getrieben. Ich habe einfach nicht mehr die Ruhe, ein Buch oder einen längeren Zeitungsartikel zu lesen. Es fehlt mir zur Zeit einfach die Geduld, jemandem richtig zuzuhören. Zuweilen möchte ich am liebsten etwas zerschlagen. Ich bin oft derart durchgedreht, daß ich nicht weiß, was zuerst. Ich bin vielleicht zu ungeduldig. Obwohl ich mich abends völlig erledigt fühle, kann ich nicht schlafen.

B Der Grün-Typ

Zieltaktik:	**Der eingebildete Pfau** (+ Grün)
Selbstgefühl:	Selbstüberschätzung
Verhalten:	autoritär
	anmaßend
	ironisch
	rechthaberisch
	intolerant
Ziel:	Selbstbehauptung
	Geltungsanspruch
	die Ansprüche verteidigen

Der Pfau tut nichts. Er steht nur da, spreizt seine Federn und schlägt das Rad, als ob er sagen wollte:»Schaut mich an, denn ich bin schön.« Das ist der wesentliche Unterschied zum wichtigtuerischen Angeber. Der Pfau hält sich selbst für großartig, der Angeber hingegen gibt sich alle Mühe, diesen Eindruck auf andere zu machen. Der angeberische Prahlhans ist oft ein Snob und immer ein Wichtigtuer. Der eingebildete Pfau hingegen fühlt sich wichtig. In seiner Selbstüberschätzung kommt sich der eingebildete Pfau aus irgendeinem letztlich belanglosen Grund, der jedenfalls in keinem Zusammenhang mit dem gegenwärtigen Sachverhalt steht, als überlegen, als besser, als elitär Besonderer vor. Der eine mag darauf stolz sein, daß er seinen Stammbaum bis zu den Affen zurückverfolgen kann, ein anderer darauf, daß er sich ein für allemal für intelligent hält. Ein hübsches Mädchen wird leicht zum eingebildeten Pfau, wenn es die Beachtung, die ihm sein attraktives Gesicht einbringt, für den Wert seiner Persönlichkeit nimmt.

104

Jeder wird zum eingebildeten Pfau, der sich die Selbstachtung nur einredet und sich auf irgend etwas (Schönheit, Intelligenz, Abstammung, Besitz, moralische Tugend) »etwas einbildet«. Die Einbildung besteht darin, daß er glaubt, er sei zweifelsfrei so, wie er sich selbst einschätzt oder wie ihn eine Gruppe der Gesellschaft beurteilt.

Die Selbstachtung ist ebenso wie die drei anderen normalen Selbstgefühle (Selbstvertrauen, Zufriedenheit, innere Freiheit), die das »gute Gewissen« ausmachen, nicht eine Eigenschaft, die man in Besitz nehmen kann. Das »gute Gewissen« und die Selbstachtung bestehen nur so lange, als wir die Richtnormen (Ideale) als Wegweiser für unsere Entscheidungen und Handlungen anwenden. Darum ist ein bestechlicher Richter kein Richter mehr. Darum ist auch der Pharisäer, der die Selbstbescheidung als Richtnorm mißachtet, ein eingebildeter Pfau: »Lieber Gott, ich danke Dir, daß ich nicht bin wie jene.« Er schlägt das Rad mit seinen Tugenden. Er ist selbstgefällig und zerstört damit die echte Selbstachtung. Der dünkelhafte Stolz ist eine unangemessene Selbsterhöhung. An die Stelle der Selbstachtung und Ehrlichkeit mit sich selbst tritt die Überheblichkeit und Selbstüberschätzung. Wer von einem überheblichen Standpunkt aus urteilt, ist nicht nur unbescheiden, sondern auch unsachlich und entscheidet unvernünftig. Er ist also dumm. Die Arroganz ist nicht nur die Fassade der Dummheit, sondern sie ist eine Ursache der Dummheit.

Selbstachtung entsteht, wenn Du nach Deiner Überzeugung handelst. Alle äußeren Bestätigungen oder Selbstbestätigungen, alle Erfolgstrophäen oder Leistungsorden und die größten Eicheln im goldenen Eichenlaub fördern deshalb die Selbstachtung nicht. Im Gegenteil, wer die Absicht hat, sich mit Bestätigungen seine moralische Selbstachtung zu festigen, baut auf Sand. Er handelt wie einer, der die Hausfassade mit Mauersteinen bemalt, weil das Fundament schwach ist.

Der eingebildete Pfau hat viele Redensarten, die ihn und seinen autoritären Hochmut verraten. Die kürzeste heißt:»Haha«, die eindrücklichste:»Wissen Sie eigentlich, mit wem Sie es zu tun haben?« Viel häufiger und alltäglicher:»Das hab' ich doch nicht nötig.« Ein Prahlhans und Snob, der im Begriff ist, das Pfauenhandwerk zu lernen, plustert sich mit den Worten auf:»Das kann ich mir schließlich leisten.« Oder dasselbe:»Aber nicht mit mir.« Und:»Wenn die sich einbilden, daß ich . . .«

Die Ironie ist eine Umgangsform, die manche Pfauen zur Perfektion kultivieren und sich darin gefallen. Die Ironie ist eine scheinbare Bewunderung. Sie ist entweder so übertrieben oder so banal, daß sie nicht ernst gemeint sein kann. Der Betroffene wird damit lächerlich gemacht, und der Pfau spreizt sein stolzes Gefieder.

Die meisten Abzeichen sind Blechorden eines Pfauenverbandes. Ob die Mitglieder eines Pfauenhofes sich mit Rotarierabzeichen oder mit Nasenringen dekorieren, immer geht es darum, sich als elitärer Vogel auszuzeichnen.»Herr Kollege« heißt die Anrede, wenn Arbeitspfauen miteinander zu tun haben.

Der eingebildete Pfau bevorzugt unter den Hunderassen den elitär-eigenwilligen Vierbeiner, z.B. den Basset oder den Chow-Chow oder aber den Barsoi oder einen Afghanen, und wenn der Angeber beim Auslesen dabei ist, die Deutsche Dogge.

Der Pfau spreizt nicht nur sein Gefieder, sondern steht mit gespreizten Beinen da wie die gestiefelten Offiziere.

Er streckt auch die Brust heraus, als ob er mit Orden dekoriert werden möchte, und macht ein hohles Kreuz.

Weil das oft zur Dauerhaltung wird, neigt er zu chronischen Rückenschmerzen. Mit hocherhobenem Kopf schaut er gerne von oben herab. Die Oberpfauen sitzen auf dem hohen Roß, heben eine Augenbraue hoch, haben spöttisch lächelnde Mundwinkel und gespannte Nasenflügel. Die Unterpfauen blicken mit blasierter Distanziertheit direkt auf den fernen Horizont und führen ihre Tasse mit abgespreizt ausgestrecktem kleinen Finger zum Mund.

Du siehst, der eingebildete Pfau ist kein Prahlhans, keiner, der sich wichtig tut, sondern einer, der sich wichtig fühlt.

Der eingebildete Pfau hat ein zwiespältiges Verhältnis zum sexuellen Körperreiz und ein miserables zur erotischen Begeisterung. Sex dient ihm zur Lösung der inneren Spannung und nicht selten zur Domination des Partners. Daher wird die Vereinigung nicht zur vertrauten Intimität, sondern bleibt innerlich distanziert. Das äußert sich entweder ausdrücklich als moralische Abwertung oder als Impotenz und Frigidität oder als Schwierigkeit, den Orgasmus in der Vereinigung zu erreichen.

Die Lösung der sexuellen Spannung wird hingegen in der Selbstbefriedigung oder in Beziehungen gesucht, die auf eine Selbstbefriedigung am jeweiligen Partner hinauslaufen.

Der innere Zwang und der überhöhte Anspruch, den der eingebildete Pfau an seine Arbeitsleistung oder an seine Umwelt stellt, hat dann ein abnormes Maß erreicht, wenn er die nachfolgenden Aussagen bejaht; eine psychiatrische Beratung und die Behandlung mit Benzodiazepin-Tranquilizern oder auch mit Neuroleptika kommen dann in Frage: Ich glaube, ich bin sehr gewissenhaft. Die geringste Unordnung kann mich zur Verzweiflung bringen. Ich habe die Angewohnheit, unwichtige Dinge zu zählen, z.B. Straßenlaternen, Fenster. Ich lerne oft unwichtige Zahlen auswendig (Autonummern etc.). Manchmal habe ich Angst, ich hätte das Licht brennen lassen, die Türe oder den Gashahn offengelassen, Briefe nicht frankiert, nicht adressiert oder nicht zugeklebt. Ich muß dann immer wieder nachschauen. Es gibt gewisse Dinge, die ich unter einem inneren Zwang immer wieder tun muß. Ich befürchte, manchmal etwas ganz Bestimmtes tun zu müssen, gegen meinen Willen. Manchmal kann ich einen Gedanken, eine Melodie oder eine Vorstellung einfach nicht mehr loswerden. Öfter habe ich das Bedürfnis, in einer bestimmten Weise über Steine und Treppen zu gehen.

Abwehrtaktik: **Die wendige Schlange** (– Grün) **2**

Selbstgefühl:	geheime Selbstzweifel; selbstgefällig

Verhalten: stellt überhöhte Anforderungen, verwöhnt sich und gibt ihren eigenwilligen Ansprüchen nach; will nicht verzichten, daher diplomatisch, clever, raffiniert, ausweichend; will »sich emanzipieren«, schiebt Entscheidungen hinaus; braucht Bestätigungen

Abwehr: gegen Einschränkung der Ansprüche gegen Verzicht gegen Behinderung des freien Verfügens und gegen Abhängigkeit

Schon im Paradies hat die Schlange eine Verführerrolle gespielt. Die unbescholtene Eva ist durch die Schlange in den Verruf gekommen, weibliche Charakterzüge zu haben. Seither weiß man, daß die Eva nicht nur verführbar ist, sondern auch selbst mit so unfairen Mitteln wie mit vollreifen Äpfeln versucht, die Männer zu verführen.

Die wendige Schlange ist die verborgene Kehrseite vom eingebildeten Pfau. Auch sie stellt also Ansprüche. Manchmal keine großen, aber viele; manchmal große und viele. Es fing bekanntlich mit einem Apfel an, später war's ein Pelzmantel, um von der Witterung unabhängig zu sein, danach war's ein Zweitwagen, um vom Herrn Gemahl unabhängig zu werden, jetzt ist's ein Hausfreund, um vom Ehepartner unabhängig zu sein.

Die wendige Schlange stellt Ansprüche, die nur jener schön gewachsene Adonis erfüllen kann, der den Kopf eines Albert Einstein, das Herz eines Albert Schweitzer, die künstlerische Originalität eines Pablo Picasso und vor allem die Brieftasche eines John D. Rockefeller zu bieten hat. Wenn ein Partner allein die Perfektion aller nützlichen Eigenschaften zufällig nicht in sich vereinigt, findet die wendige Schlange die Vollkommenheit durch Partner, die sich nebeneinander, oder durch Partner, die sich hintereinander ergänzen. Die schlaue clevere Schlange schlängelt mit diplomatischer Wendigkeit an den Unvollkommenheiten der Schöpfung und an den Schranken der Gesellschaftsordnung vorbei (»Einmal ist keinmal«). Ihr Unabhängigkeitsdrang galt früher als Ungehorsam, später als Untreue, heute als Emanzipation. Um der Emanzipation zu genügen, geht die wendige Schlange Risiken ein. Die rechte Hand darf nicht wissen, mit wem die linke telefoniert (»Das geht schließlich niemanden etwas an«). Die wendige Schlange empfindet zwar ihre Situation, meist die Ehe, als Zwang und will aus ihr ausbrechen und sich befreien. Darum hält sie die geregelte Ordnung für stur, und wer sie nicht ablehnt, für einen Spießbürger. Als wendige Schlange legt sie sich aber nicht fest und schiebt Entscheidungen hinaus, um sich alle Möglichkeiten offenzuhalten und sich alle Vorteile zu sichern.

Mag sein, daß das wendige Schlänglein als Einzelkind verwöhnt wurde oder als jüngstes Kind oder als einziger Junge oder einziges Mädchen den anderen Geschwistern vorgezogen worden ist. Jedenfalls fällt es diesen Menschen schwer, sich mit Einschränkungen abzufinden, das trockene Brot der Pflicht zu kauen und einen Verzicht zu verdauen. Wenn es ihr nicht in den Kram paßt, läßt sie das schmutzige Geschirr stehen (»Das ist doch jetzt nicht nötig«) und flickt den Saum mit einer Sicherheitsnadel. Auch die männliche Schlange versteht es, sich bequem zu verdrücken und Unannehmlichkeiten auszuweichen. Der Herr hat keine Zeit, weil er jetzt die Zeitung lesen muß, und nachher hat er auch keine, weil er nichts so sehr haßt wie Zwang, und das ist zugleich das einzige, worin er Konsequenz und Ausdauer besitzt. Geschickt versteht es die wendige Schlange, die anderen zu interessieren, dann zu faszinieren, um sie zuletzt zu manipulieren. Die Karnickel, die dem taktischen Charme der wendigen Schlange unterliegen, stehen so lange in ihrer Gunst, als sie tun, was der Schlange hilft, ihr eigenes Ziel zu erkriechen. Die raffinierte Schlange wirkt nicht nur durch ihre äußere Erscheinung attraktiv, sondern brilliert auch durch Schlagfertigkeit und erweckt damit oft den Eindruck, intelligenter zu sein, als sie es wirklich ist. Sie spielt ihre Rolle mit Perfektion und hinterläßt keine Spuren, weder vom Lippenstift noch vom Bankkonto.

Die wendige Schlange ist die Kehrseite des Pfaues. Als Schlange hat sie ihr stolzes Pfauenherz zwar behalten, ihre Taktik aber völlig gewandelt. Beiden, dem Pfau und der Schlange, geht es um die Bestätigung ihres Wertes. Der eingebildete Pfau überschätzt sich: Er glaubt, er besitze einen elitären Wert. Es bedürfe nur der entsprechenden Anerkennung. Die wendige Schlange hingegen sieht, daß ihr die Anerkennung und die Erfüllung aller Ansprüche nicht als selbstverständlich in den Schoß fallen. Sie ahnt sogar, daß der eingebildete Wert niemals der echte Selbstwert sein kann und daher zur Selbstachtung nicht ausreicht. Die Schlange steckt voller Selbstzweifel. Sie muß nicht nur »auf dem Bauche kriechen« und »Erde essen«, sondern ihr Selbstgefühl hat dabei ein weiches Rückgrat. Die Selbstzweifel erlebt sie kurzfristig als Lampenfieber, chronisch aber als Minderwertigkeitsgefühl und heimlich als Selbstverachtung. Gewandt tarnt sie ihre Selbstunsicherheit, oft sogar ihre Gehemmtheit, hinter einem stolzen Gehabe, das auf andere häufig als Blasiertheit wirkt. Weil die wendige Schlange in Wahrheit aber voller Selbstzweifel steckt, hungert sie nach Bestätigungen. Wie ein emsiges Bienchen fliegt sie von Blüte zu Blüte, um sich Blicke der Bewunderung und Komplimente zu sammeln.

Aber sie ist keine Biene, die Honig nach Hause bringt, sondern eine Schlange, die sich in den Schwanz beißt: Mit jeder gelungenen Show oder sexuellen Eroberung, mit jedem Lassowurf nach Bestätigung fängt sie nie das, was sie wegen ihrer Selbstzweifel wirklich braucht. Nie findet sie damit die benötigte Selbstachtung. Statt nach ihrer Überzeugung und den moralischen Richtnormen zu handeln und dadurch ihre Selbstachtung zu erlangen, versucht sie, sich mit prestigefunkelnden Selbstbestätigungen, vom Brillantenklunker bis zum Ehrentitel, zu betäuben.

Diese chronische Selbstbestätigung, die Bestätigungsorgien und Selbstbewunderung untergraben die Selbstachtung. Die immer größeren Selbstzweifel führen zur Selbstverachtung, zum Minderwertigkeitsgefühl und moralischen Selbstmord.

Der tatsächliche Selbstmord ist oft der letzte, fatale Versuch, die benötigte Selbstachtung zu finden (»Ich wollte beweisen, daß ich nicht überall versage«). Aber er ist nur ein weiterer unnützer Versuch, die bestehenden Selbstzweifel durch Selbstbestätigung zu betäuben. Wer die Wichtigkeit und Wirksamkeit der Selbstgefühle nicht kennt, wundert sich dann: »Ausgerechnet dieser begabte, junge Mann.«

Die Mimik der Schlange ist verführerisch. Bei erwartungsvoll leuchtenden Augen sind die fein geschwungenen Mundwinkel auf zehn vor zwei gestellt. Sobald die erwartete Bestätigung ausbleibt, senken sich die Mundwinkel und zeigen zwanzig nach Selbstver-acht-ung.

Die wendige Schlange hat oft feingliedrige, lange Hände. Wenn sie damit ihren Empfindungen Ausdruck verleiht, scheint sie mit den Fingern oder der Handfläche alles einzufangen und zu umgarnen oder aber von sich zu schieben.

In diesen Handbewegungen wiederholt sich die zweifache Richtung der Emanzipation: die Abwehr und die Befreiung. Darin äußert sich der Zwiespalt der wendigen Schlange: die Abhängigkeit von ihren Ansprüchen und ihr Anspruch auf Unabhängigkeit.

Die Angst vor Einengung, aus der die wendige Schlange auszubrechen trachtet, hat in der Psychiatrie den bekannten Namen »Klaustrophobie«. Wer die nachfolgenden Aussagen bejaht, kann durch eine psychiatrische Beratung und Benzodiazepin-Tranquilizer oder Neuroleptika eine Besserung erreichen: Kritik verletzt mich sehr stark und entmutigt mich. Es fällt mir schwer, mich zu entscheiden. Ich werde leicht verlegen. Ich habe keinerlei Selbstvertrauen. Meist hält die Angst, es nicht zu schaffen, mich davon ab, etwas ganz Neues anzufangen. Ich bekomme Angst, wenn ich mich in einer dichtgedrängten Menschenmenge befinde.

Ich habe Angst, wenn ich mich allein in einer Kammer oder einem kleinen geschlossenen Raum befinde. Ich fürchte mich vor manchen Tieren (Spinnen, Mäusen).

C Der Rot-Typ

Zieltaktik: **Der wichtigtuerische Angeber, Prahlhans**
(+ Rot)

Selbstgefühl: Selbstübersteigerung
Verhalten: imponieren wollen
sich wichtig tun
Ziel: als wichtige und interessante Persönlichkeit zu wirken

»Sieben auf einen Streich« hat das tapfere Schneiderlein auf seine Brust geschrieben. Mit der Wahrheit – es waren sieben Fliegen – hat es sich gebrüstet, und genau darin lag der Betrug.

Hätte es sich mit den sieben nicht groß aufgespielt, hätte jeder gefragt: Was für sieben, Schnecken oder Fliegen? Aber durch die wichtigtuerische Pose erweckt das tapfere Schneiderlein den Anschein, es habe sieben Riesen erschlagen.

In der Halbwahrheit, in der Irreführung, liegt der aalglatte Betrug. Wer eine Einmannfirma besitzt und sich als Direktor ausgibt, lügt nicht; aber er benützt eine Irreführung, um sich wichtig zu tun.

Genau dieses verstehe ich unter einem Angeber. Er erzählt Dir scheinbar beiläufig, mit welchen prominenten Persönlichkeiten er verkehrt oder womöglich befreundet ist und wie einflußreich, wie bedeutend und wie vermögend er selbst sei. Wenn er befürchtet, seine Angeberei werde als das genommen, was sie wirklich ist, nennt er auch noch den Preis, den er bezahlt hat, um mit Zahlen zu beweisen, wie ehrlich – und wie geschmacklos er ist.

Der Angeber ist ein Rot-Typ. Sein Leitmotiv heißt: Es gibt soviel, was ich imponierend finde, darum möchte ich noch viel mehr haben, mit dem ich anderen imponieren kann.

Er ist ein Wichtigtuer, der das Gras wachsen hört, worin die Flöhe husten. Er fühlt sich als ein Schneiderlein, dem das imponiert, was einer großen Masse großen Eindruck macht. Für ihn zählt die Quantität; mit der Qualität weiß er nichts anzufangen. Darum ist ihm das wichtig, was möglichst bekannt ist; nicht das, was gut und echt ist.

Wer das bewundert, wozu er keine echte Beziehung hat, ist Mitglied des weitverbreiteten Kitschklubs. Kitschig ist also nicht der Gegenstand, nicht der Gartenzwerg, sondern immer nur die unechte Beziehung, die einer zu dem betreffenden Gegenstand oder zu einer Situation hat. Weder der Gartenzwerg noch die Kette aus künstlichen Perlen ist kitschig, sondern derjenige, der mit dem Gartenzwerg Gemüt und mit künstlichen Perlen Reichtum oder mit Understatement Bescheidenheit vortäuschen will; also der Prahlhans selbst ist so kitsch as kitsch can. Denn es geht ihm nicht um die qualitative Vollendung, nicht um die Übereinstimmung von Ziel und Gestaltung, sondern nur um die Wirkung auf den unqualifizierten Bewunderer und auf die unqualifizierte Masse. Bei seiner unechten Einstellung ist jede Liebesbeziehung, jede Freundschaft, jedes Kunstwerk, jeder Theater- oder Konzertbesuch in erster Linie ein gesellschaftlich motiviertes Anliegen. Selbst eine Liebesbeziehung beurteilt er nicht nach der intimen Vertrautheit, sondern nach ihrem Marktwert. Er kalkuliert, wie sehr er darum beneidet wird oder wie attraktiv sie sich in seinen Memoiren lesen wird. Die unechte Beziehung, die der Angeber hat, macht aus einem echten

Gegenstand oder Werk, aus einer vom Partner herzlich gemeinten Freundschaft eine Kitschbeziehung.

Des Angebers Himmel ist die Prominenz. Da will er hinein. Jeder Buchstabe dieses Zauberwortes verkörpert seine Persönlichkeit. Die drei ersten Buchstaben bilden den Kopf, und das Z hängt am Ende. Darum ist er ein Pro-z.

»Hast du was, so bist du was«, heißt seine Protzosophie. Dasselbe hat schon Machiavelli seinem Fürsten empfohlen: »Jeder sieht, was du scheinst; wenige fühlen, was du bist.«

Der Angeber bringt sich mit zwei Taktiken zur Geltung, die erste ist die Mauloffensive, die zweite ist die Showoffensive.

Mit der ersten erklärt er Dir, was Du über ihn zu denken hast, mit der eleganteren zweiten will er Dir genau dasselbe augenfällig beweisen. Er benützt die Sprache der Signale, um Dir durch hunderterlei Zeichen ohne Worte zu zeigen, was Du von ihm zu halten hast.

Solche Angeber bilden sich wirklich ein, mit einem Siegelring am Finger oder mit einem Motorrad am anderen Ende, mit einem Ozelotpelz, mit einem Swimmingpool hinter dem Haus und einem Chicomobil vor der Garage, mit einem zweiten Telefon auf dem Schreibtisch oder einem Havannaschnuller im Mund gelten sie als Persönlichkeit. Der Prahlhans hat ein Auto, das er weniger zum Fahren als zum Angeben braucht.

Seine Wohnung möbliert er mit Schießeisen und blutrünstigen Waffen. An der Wand hängt eine Schlangenhaut, auf dem Boden lauert das Fell von einer Bestie, die gefährlich und grausam ist, wenn sie nicht flach wäre.

Der echte Snob versucht Dich mit echten Stilmöbeln und renommierten Kunstwerken zu blenden. Der Angeber erster Klasse läßt Dich natürlich nicht vor einer

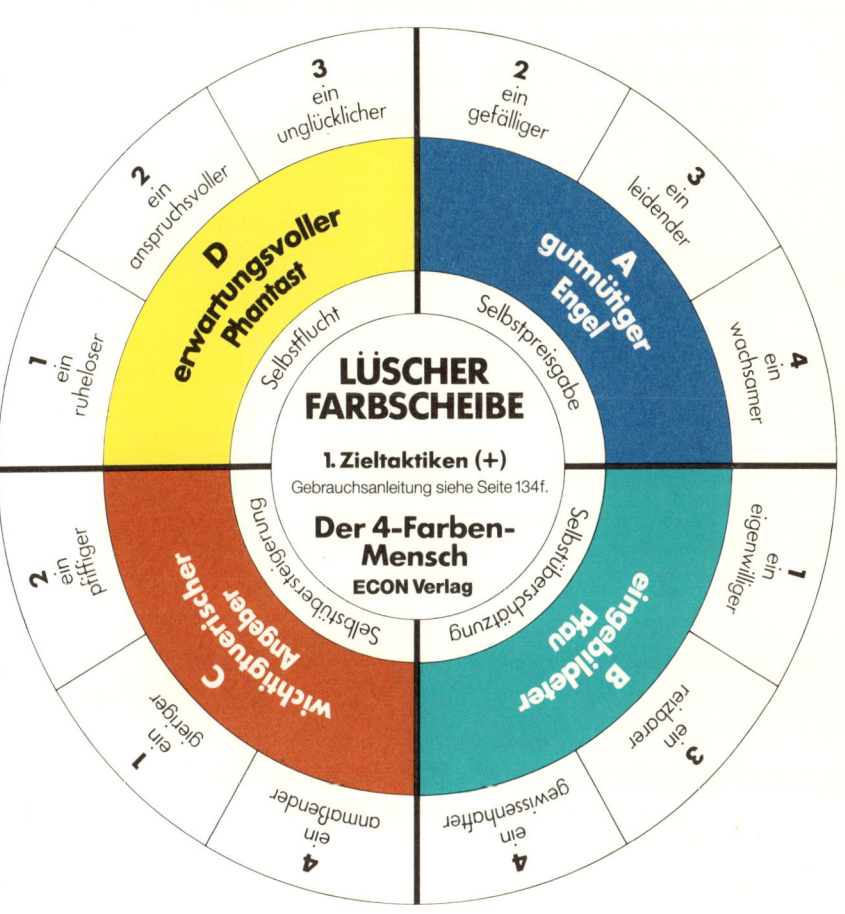

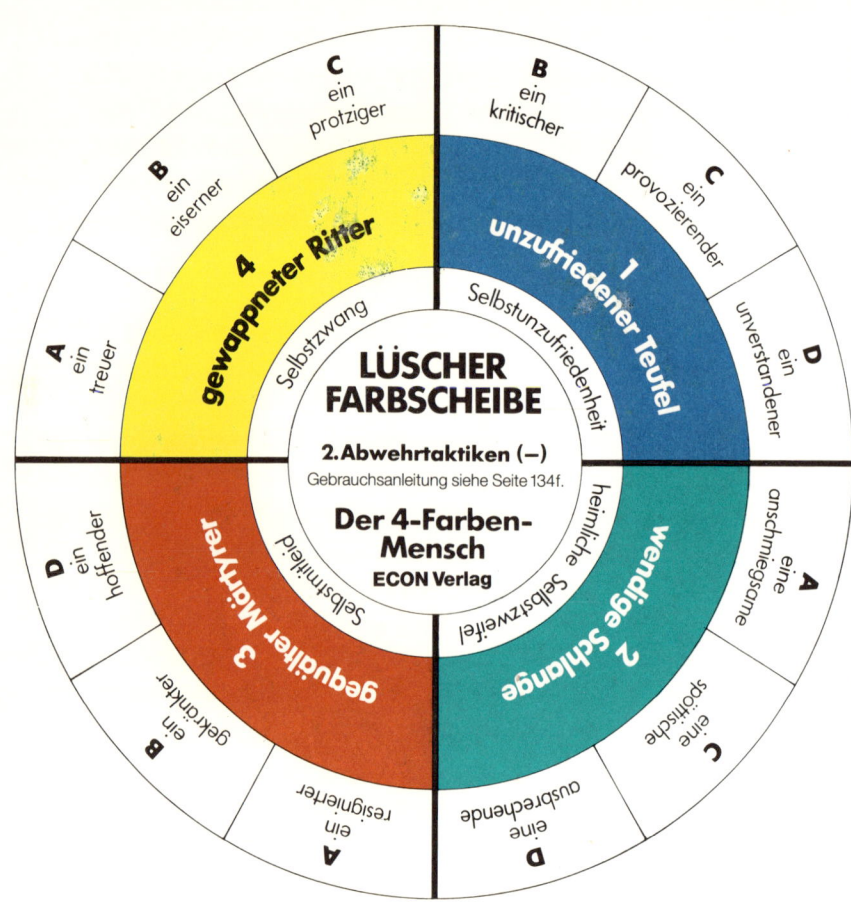

LÜSCHER FARBSCHEIBE

2. Abwehrtaktiken (−)

Gebrauchsanleitung siehe Seite 134f.

Der 4-Farben-Mensch

ECON Verlag

1 unzufriedener Teufel
Selbstunzufriedenheit
- B ein kritischer
- C ein provozierender
- D ein unverstandener

4 gewappneter Ritter
Selbstzwang
- C ein protziger
- B ein eiserner
- A ein treuer

2 wendige Schlange
heimliche Selbstzweifel
- A eine anschmiegsame
- C eine spöttische
- D eine ausredende

3 gequälter Märtyrer
Selbstmitleid
- D ein hoffender
- B ein gekränkter
- A ein resignierter

Schlangenhaut, sondern vor einer chinesischen Bodenvase aus der Mingzeit oder einem echten, antiken Dingsbums erschauern.

Beim Buchhändler ist er auf die Bestseller abonniert, und seine literarische Bildung reicht aus, um einen dieser Buchtitel bei der nächsten Party ins Gespräch einzuflechten.

Der erfolgssüchtige Prahlhans ist gepflegt gekleidet wie ein Schneidermeister beim Kirchgang, und die Prahlgrete steckt in einem teuren Modellkleid. Darauf ist der renommierte Name des Modeschöpfers tätowiert, damit jeder weiß, aus welchem Stall der Geschmack kommt.

Der rassige Prahlhans hingegen und seine Grete kleiden sich mit einem billigen Modegag und einem teuren Sportwagen.

Seine Redensarten jedoch verraten den Angeber auch dann, wenn er Dir nackt in der Sauna begegnet. Zu seinen Lieblingswörtern gehören »natürlich« und »selbstverständlich«. Häufig bejaht er mit Ausdrücken der Ergriffenheit (siehe »Signale der Persönlichkeit«: Redensarten als Ausdruck emotionaler Haltungen) wie z.b. »gewaltig, fabelhaft, phantastisch« oder des Überwältigtseins wie »unheimlich, wahnsinnig, irre«.

Er verneint mit Ausdrücken der Empörung, z.b. »fürchterlich, gräßlich, verdammt« und unter Schauspielern »grau-en-haft«. Die mundartlichen Appelle »Gell?«, »Gelt!« oder »He!«, z.b. »Adieu, he«, »Mach's gut, he«, und das fragende »Oder?« und »Verstehen Sie?« oder »Nicht wahr?« sind Lassowürfe nach Bestätigung.

Du hast Deinen Blick und Dein Ohr schon so geschärft, daß Du bei Äußerungen wie »Die werden noch staunen« oder »Die werden große Augen machen«

gleich unseren lieben Angeber erkennst. Seine Selbstübersteigerung läuft auf eine Selbstbewunderung hinaus. Das heißt bei ihm:»Das macht mir keiner nach.« Oder:»Das soll mir mal einer nachmachen.«

Wenn der Angeber dann auch noch mit Pfauenfedern wackelt, kannst Du aus seinen herablassenden Mundwinkeln hören:»So was mach' ich mit der linken Hand.« Oder das tapfere Schneiderlein brüstet sich:»Das ist ja ein Kinderspiel.«

Rot-Typen gibt's nicht nur im Osten, sondern auch im Westen, im Süden und im Norden. So beliebt wie die Farbe Rot, so beliebt ist auch die Rolle des wichtigtuerischen Angebers.

Selbstgefühl: Selbstbemitleidung
Verhalten: lustlos
                sich bemitleidend
                müde
                erschöpft
                geschwächt
Abwehr: gegen Aufregungen und Überforderung
                gegen depressive Erschöpfung

Wenn beim Wetterhäuschen der Angeber nach hinten verschwindet, kommt der gequälte Märtyrer nach vorne. Fragst Du ihn:»Wie geht's?«, jammert er:»Es muß halt« oder »Wie soll's schon gehen«, oder er findet betont nüchtern:»Es geht.« Auch wenn er sich wohl fühlt und auf Rosen ohne Dornen gebettet ist, antwortet er achselzuckend:»Den Umständen entsprechend.« Fragst Du ihn besorgt nach den Umständen, gesteht er gönnerhaft:»Ich kann nicht klagen.«
Der gequälte Märtyrer schwimmt im Selbstmitleid wie der Fisch im Wasser. Er bedauert sich und findet sich in dieser Rolle bewundernswert. Aus einem Regenwurm macht er eine Schlange, aus einer Katze einen Panther, aus jeder Leistung eine Mühe und aus jeder Freude ein Mußprogramm. Der Märtyrer beklagt sich und jammert, um, ähnlich wie der Prahlhans, Eindruck zu schinden. Weil er sich mit nichts Erfreulichem aufspielen kann, hält er alles für Käse und findet, daß auch der nur aus Löchern gemacht sei. Gottes Welt ist für ihn keine ausgeleerte Wundertüte, sondern ein Sack voll Sorgen und Plackerei, die er tragen und ertragen muß. Er hat Mitleid mit sich und bewundert sich als tragischen Held.

Da ihm die andern die Komplimente, die er erwartet, nicht in die Schuhe schieben, da ihn die andern nicht bewundern, geht er mit dem guten Beispiel voran und bewundert sich selbst. Diese Art von Selbstbefriedigung tut ihm gut. Er genießt sich in seiner Jammerrolle wie ein Kind, das sich wohlig ausweint.

Als Märtyrer besingt er sein Selbstmitleid in allen Tonarten:

resigniert:	»Also, ich sag' jetzt nichts mehr« »Es nützt ja doch nichts«
demütig:	»Ich hab' wirklich getan, was ich konnte«
tragisch:	»Niemand versteht mich« »Alles hat sich gegen mich verschworen«
vorwurfsvoll:	»Es ist doch immer wieder dasselbe Lied«
empört:	»Jetzt reicht's mir aber« »Es kotzt mich an«
fast sachlich:	»Es ärgert mich«
offenherzig:	»Es stinkt mir« »Ich habe einfach keine Lust«

Worin liegt eigentlich der Unterschied zwischen dem Angeber und dem Märtyrer? wirst Du fragen. Das Ziel des Angebers ist, von anderen bewundert zu werden. Ein Weg, der bekanntlich mit Mühsal und Mißerfolgen gepflastert ist. Der gequälte Märtyrer kürzt ihn ab, der wartet nicht auf den zweifelhaften Applaus der andern, sondern spendet sich den Beifall gleich selbst. Allerdings wissen der Angeber und auch der Märtyrer, daß sie die anderen immer neu gängeln müssen.

Der Märtyrer weiß, daß er sich durch Eigenlob nur lächerlich machen würde. Dafür streicht er sich aber das Selbstbedauern als indirekte Selbstbewunderung so dick aufs Brot, als ob es Honig wäre. Wir 4-Farben-Menschen empfinden das klebrige Selbstbedauern als triefende Sentimentalität. Uns hingegen hält der Märtyrer für oberflächlich und verständnislos. Das bestätigt ihm, wie bedauernswert er ist. Damit hat er nach seiner Meinung bewiesen, was zu beweisen war.

Scheint dem Märtyrer die Sonne auf den satten Bauch und findet er mit bestem Willen keinen Grund, sich zu ärgern oder sich zu bedauern, dann hat er ein Hausmittelchen, das ihm aus der Misere hilft. Ein Wichtigtuer mußte einige Male beruflich ins Ausland fliegen, weshalb er sich als verantwortungsbeladener Weltmann fühlte. Als weder Sorgen noch Reisen in Aussicht standen, brüstete er sich als Angeber:»Wenn ich jetzt ins Ausland fliegen müßte« und antwortete sich gleich selbst als gequälter Märtyrer:»Mir würde es schön stinken.«

Statt seine Kräfte und Fähigkeiten aktiv einzusetzen und durch Leistungen das Selbstvertrauen in Trab zu halten, reitet der Angeber nur sein Steckenpferd. Wenn er damit kein Rennen gewinnt, wird der Angeber zum Märtyrer, der sich bemitleidet und schließlich in der Passivität und Depression versinkt. Der Märtyrer unterfordert sich und geht unter:»Es ist mir alles verleidet.« Was anfänglich noch korrigierbare Bequemlichkeit und gespieltes Selbstmitleid ist (»Es stinkt mir, ich will nicht«), wird bald einmal zum»Ich kann nicht«, weil das Selbstvertrauen zerbröckelt ist.

Das Gefühl der Unfähigkeit (»Ich kann doch nicht in meinen früheren Beruf zurück«) lähmt jetzt die notwendige Aktivität. Dem Selbstmitleid folgt die Unfähigkeit nach (»Ich kann nicht«). Der Kreis schließt sich zur depressiven Lähmung, zur Mutlosigkeit, Hoffnungslosigkeit und Traurigkeit mit all den andern Zeichen der Depression wie schlechter Appetit, schlechter und unruhiger Schlaf, zu frühes Aufwachen, häufiges Weinen und Interesselosigkeit.

Der gequälte Märtyrer hat einen harmlosen Zwillingsbruder, den ich Dir auch gerne vorstellen möchte: den Hampelmann. Er ist bekanntlich eine Gliederpuppe, die man an einer Schnur manipuliert. Der vermeintlich freie Wille vieler Männer hampelt schnurgerade dorthin, wo das manipulierende Frauenhändchen hinzeigt. Wenn das Frauenmündchen schmollt, das Frauenäuglein weint und das Frauenherzchen schmerzt, also Märtyrer spielt, ahnt der Hampelmann nicht, daß am Schnürchen gezogen wird und daß auf diese Weise aus dem Hampelmann oder Pantoffelhelden eine Menge an Vorteilen herauszuholen sind.

Das Selbstmitleid ist eine leidige Untugend, denn sie hat vielerlei Arten der depressiven Verstimmung zur Folge.

Auch Stoffwechselstörungen können Depressionen auslösen. Werden die nachfolgenden Aussagen bejaht, ist eine psychiatrische Behandlung mit Thymoleptica als Antidepressiva angezeigt: Ich bin in letzter Zeit ausgesprochen pessimistisch. Ich fühle mich den Aufgaben auch nicht mehr gewachsen. Ich habe seit einiger Zeit eigentlich an nichts mehr Freude. Es macht mir wirklich Mühe, mich zu irgend etwas aufzuraffen. Im allgemeinen fühle ich mich miserabel und niedergeschlagen. Es ist mir alles verleidet. Das Leben ist mir eine Qual. Ich wünschte, ich wäre tot.

122

Der Gelb-Typ   D

Zieltaktik:	**Der erwartungsvolle Phantast** (+ Gelb)
Selbstgefühl:	Selbstflucht
	sich unabhängig und ungebunden fühlen
Verhalten:	Problemflucht
	Drang nach Weite und Veränderung
	Optimismus
	Suchen, Sucht
Ziel:	alle Möglichkeiten wahrnehmen und ausprobieren

»Das wird dann schon irgendwie gehen«, »Das geht todsicher«, so und ähnlich lauten typische Äußerungen des Phantasten.

Für ihn ist das Wörtlein »wenn« kein Hindernis. Der Phantast bläst mit seinen Wünschen und Hoffnungen einen Luftballon auf und läßt sich von ihm über alle Berge tragen – in der Phantasie natürlich.

Solange er die Flughöhe seiner Phantasterei einhält, besteht keine Gefahr, daß er mit der Realität zusammenstößt.

Der Höhenflug des Phantasten braucht sich aber nicht unbedingt als Wahn hinter den Mauern eines Irrenhauses abzuspielen. Es gibt zahlreiche ambulante Phantasten, die nie in eine Klinik kommen, weil sie mit ihren Spinngeweben genug Geld und Geltung einheimsen, um gesellschaftlich akzeptiert und honoriert zu werden.

Weil der Mensch nicht vom Brot allein lebt, sondern auch eine Gesinnung braucht, biedern sich die Phantasten beim geistigen Fußvolk als Gesinnungsschuster an und machen sich bei ihnen unentbehrlich. Eine amouröse Konfession dauert ein paar Wochen, eine modische ein paar Monate, eine psychoanalytische ein paar Jahre, eine politische ein paar Jahrzehnte, eine nationale ein Leben lang, und eine religiöse Konfession kommt erst im Jenseits zur vollen Blüte.

Entweder als ernstgemeinte Allerweltsideologie oder als politische Pseudologie, als Werbepsychologie oder als irgendeine Ismologie drehen sie jedem Wehrlosen ihr Luftschlößchen zu Höchstpreisen an. Es ist nicht nur eine Frage der geistigen Selbständigkeit und des guten Geschmacks, sondern auch Deines Schicksals, ob Du als 4-Farben-Mensch Deine Ideale als Richtnormen hast oder ob Du im Spinnennetz einer religiösen oder politischen, einer moralistischen oder wirtschaftlichen Ideologie hängenbleibst.

Phantasten sind Seiltänzer des Selbstbetruges. Sie verteidigen sich gegen die Realität mit der wirksamsten Waffe: mit der Umdeutung der Wirklichkeit (Hitler: »Das deutsche Volk hat mich enttäuscht«). In letzter Konsequenz führt die Selbstflucht vor der Wirklichkeit in den Wahn, in die Paranoia.

Die harmlosen Alltagsphantasten sind Optimisten, Wunschdenker und Traumtänzer, die ihre Saltos in der dünnen Luft machen. Wenn sie in das Fangnetz der Notwendigkeit herunterfallen, benützen sie die Ausrede: »Wenn dieses oder jenes nicht gewesen wäre« wie ein Trampolin, um ja nicht auf den Teppich der Realität zu kommen.

Mit der Beteuerung »ganz sicher« reden sie sich und ihrem Gegenüber ein, woran sie insgeheim selbst zweifeln (»Morgen wird es ganz sicher schönes Wetter geben«).

Denn der Phantast stellt ähnlich wie der Pfau einen

absoluten Anspruch. Er glaubt, daß alles möglich sei und daß ihm wenigstens zum Ausprobieren und als Möglichkeit alles zur Verfügung stehen soll. Er ist mit der wendigen Schlange verwandt, die auch auf nichts verzichten will.

Die hohe Anspruchshaltung erzeugt im Phantasten eine hohe innere Spannung. Er braucht den Erfolg und die Befriedigung sofort, weil sonst die Spannung für ihn unerträglich ist. Er hat eine geringe »Frustrationstoleranz«. Daher hat er keine beharrliche Ausdauer und weicht Auseinandersetzungen aus. Er flüchtet vor der echten Wirklichkeit und kann deshalb seine eigenen Forderungen nicht durchsetzen. Er schiebt die Schuld für den Mißerfolg auf die andern. Die Selbstflucht und der Selbstbetrug werden zur Lebenstaktik des Phantasten. So hält er die überhöhten, illusionären Ansprüche seiner Wunschwelt aufrecht, indem er sein Versagen, seine Fehler und seine eigene Unzulänglichkeit ignoriert und den andern anhängt.

Er wird zum ewigen, ruhelosen und oft bindungslosen Sucher nach einem Fata-Morgana-Paradies. Der hoffende Phantast klammert sich an den Strohhalm; hat er mehr als einen, macht er daraus ein Freudenfeuer. Voll Begeisterung wendet er sich einer neuen Aufgabe oder einem noch unbekannten Partner zu. Die erotische Faszination und oft auch die sexuelle Erregbarkeit nimmt aber in dem Maße ab, als der Partner für ihn eine vertraute Wirklichkeit wird. Dann, wenn eigentlich die echte Liebe sich entfalten müßte, erlischt beim Phantasten die erotische Faszination. Er zündet ein nächstes Strohfeuer an und bleibt ein männlicher oder weiblicher Don Juan.

Mit einem Fuß lebt der Phantast in der Vergangenheit, »in der guten alten Zeit«. Er taxiert seine gegenwärtige Situation und Partnerbeziehung als provisorisch oder als schon der Vergangenheit angehörig. Mit dem andern Fuß lebt er in einer Zukunft, in der alles besser und schöner sein soll.

Der 4-Farben-Mensch hingegen lebt in der Gegenwart; für ihn bedeutet jeder neue Tag ein neues Leben. Das Erfülltsein in der täglichen Gegenwart, das Glück des 4-Farben-Menschen, kennt der Phantast nicht. Er ist nicht der Hans im Glück, nicht der Lebe-Mann, sondern der Play-Boy.

Ist der Phantast jung, sagt er:»Wenn ich erwachsen bin.«Ist er erwachsen, meint er:»Wenn ich verheiratet bin«; hat er Kinder:»Wenn die Kinder groß sind.« Bei seinem Beruf träumt er davon:»Wenn ich einmal pensioniert bin.«»Ich werde dann . . .«und»Wenn ich einmal«, diese Redensarten verraten den erwartungsvollen Phantasten.

Je öfter einer seine uneingestandenen Zweifel mit »ganz sicher« erstickt und je mehr einer seine unsicheren Behauptungen mit den Verlegenheitsausdrücken »gewissermaßen«,»irgendwie«und»sozusagen« zu verankern versucht, desto sicherer hast Du's mit einem Phantasten zu tun. Er ist dem Kinderglauben, die bestehende Realität lasse sich allein mit Worten ändern, noch nicht entwachsen.

Der Phantast spricht meist gewandt und eher schnell. Manche stottern oder stammeln vor Erregung.

Sie lieben Kunst und Illusionen. Sie brauchen die Veränderung, die Weite und die Reise zu neuen Illusionen.

Nimmt die Phantasterei ein psychiatrisch-klinisches Ausmaß an, äußert sie sich als Manie:»Manchmal eilen meine Gedanken schneller voraus, als ich sie aussprechen kann.« Oder»Ich habe oft so viele großartige Ideen, daß ich sie gar nicht alle aussprechen kann.« Oder als Größenwahn:»Ich habe auf dieser Welt noch eine besondere, große Aufgabe zu erfüllen.« Oder »Ich kann die Gedanken anderer Menschen lesen.«

Manische Zustände müssen vom Psychiater mit Neuroleptika (Butyrophenone) behandelt werden.

4 Abwehrtaktik: Der gewappnete Ritter (− Gelb)

Selbstgefühl: Selbstzwang
                fühlt sich ohne sicheren Halt
Verhalten: konventionell
                vorsichtig
                mißtrauisch
                eifersüchtig
                verbohrt
                pedantisch
                Sammler
Abwehr: gegen Enttäuschung
                gegen Zurückweisung
                gegen Prestigeverlust
                gegen materiellen Verlust

Wenn der Phantast, dieser Wunschdenker, unheilbare
Schwärmer und Illusionsakrobat, wegen seiner Selbst-
täuschungen endlich genug Enttäuschungen eingesteckt
hat, ändert er die Richtung seiner Realitätsflucht. Die
Flucht nach vorne, als Zieltaktik des Phantasten, wird
zur Flucht nach rückwärts, zur Abwehrtaktik, zur
Defensive des gewappneten Ritters. Er flieht geistig ins
Schneckenhaus und mit seinen Gefühlen in eine Ritter-
rüstung. Beide sollen gegen Enttäuschungen Schutz und
Sicherheit bieten.

Als geistige Schneckenhäuschen dienen die ideologischen Konfessionen, mit allem leichtgläubigen Drum
und Dran. Der ideologische Aberglaube diente zur wirk-
samen Bemäntelung von Inquisition und Kreuzzügen,
die vielen Millionen Menschen Todesqualen brachte.
Ebenso irreführend sind die politischen Konfessionen,
die seither durch inquisitorische Folterung und durch

politische Kreuzzüge genauso sinnlos vielen Millionen Menschen den Tod bringen.

Die Ritterrüstung besteht aus mehreren Teilen. Der Kopfteil ist der Helm. Er soll das Denkorgan des Ritters schützen. Unter dem Helm äugt er vorsichtig oder voll Mißtrauen durch das schützende Visier. Immer wenn er etwas im Schilde führt, verraten sein weggedrehtes Gesicht und der Blick aus den Augenwinkeln, daß er von Mißtrauen erfüllt ist und das Visier in der nächsten Sekunde herunterlassen könnte.

In der Partnerbeziehung trägt dasselbe Mißtrauen den spektakulären Namen »Eifersucht«. Othello spielen ist eine unfreiwillige Glanzrolle der treuen und der untreuen Ritter.

Die Brust panzert der gewappnete Ritter mit einem Küraß. Dahinter verbirgt er seine Gefühle, vor allem die Angst, nicht sympathisch zu sein. Er hat Angst, seine Zuneigung zu zeigen, weil er fürchtet, er könne zurückgewiesen werden. Daß seine Ritterrüstung die Delle einer Blamage abbekäme, wäre für ihn unerträglich. Besonders vor dem anderen Geschlecht will er sich keine Blöße geben.

Aber er geniert sich vor jeder Entblößung und zieht deshalb seine Rüstung nie aus. Wenn er keine Uniform mit goldenen Knöpfen anzuziehen hat, verbirgt er sich im »gepflegten Anzug« des Geschäftsmannes oder im dunkelblauen Blazer und fühlt sich nur wohl, wenn ihm eine Krawatte den Hals zuschnürt. Auch der moderne Ritter hat immer noch eine glänzende Rüstung aus Blech, doch fährt sie heute auf vier Rädern.

Dem Ritter ist die Rüstung das Nächste. Diese Zwangsjacke gibt ihm die Illusion der Sicherheit. Er meint, er würde »aus dem Rahmen fallen«, wenn er seine Rüstung einmal ablegt. Darum muß alles seinen

»gewohnten Rahmen« haben oder nach dem bis ins einzelne geplanten Konzept ablaufen.

Der Ritter will sich gegen alle Arten von Verlust schützen und vor Enttäuschungen sicher sein. Er braucht Sicherheit um jeden Preis. Um sich sicher zu fühlen, braucht er Ordnung hinten und vorne. Er braucht sie in sich und um sich. Er zwingt sich zur Ordnung und Pflichterfüllung und setzt sich unter einen ständigen Selbstzwang. Dieser wird zum Leistungszwang, zum Erfolgszwang und vor allem zum Drang nach Bestätigung. Der defensive, gewappnete Ritter braucht die Ordnung und den Zwang, um sich sicher zu fühlen. »Was würden die Leute von mir denken . . .« oder »Was würden die Leute sagen . . .«, so fangen viele seiner schamhaften Sätze an, die ehrlicherweise enden müßten: ». . . wenn ich tun und sagen würde, was ich wirklich empfinde.«

Der eiserne Ritter reitet Prinzipien. Bei ihm muß alles pedantisch »seine Ordnung haben«. Selbst der Kugelschreiber muß neben dem spitz gespitzten Bleistift ordentlich auf dem Pult liegen. Genauso muß die militärische Ordnung stets eine ordonnanzgemäße, ordentliche Ordnung sein, denn nur mit Pflichterfüllung und Gehorsam ist der Feind zu schlagen.

Der Ritter hat Angst vor der Freiheit. Er braucht den Zwang der Ordnung, um sich sicher zu fühlen. Er setzt sich selbst ständig unter Druck und überfordert sich dauernd: »Ich muß unbedingt . . .« – »Sicher ist sicher« heißt sein Motto, denn »man kann nie wissen«. Darum muß alles »hieb- und stichfest« sein, damit es daran, was er »nach bestem Wissen und Gewissen« getan hat, »nichts zu rütteln gibt«, »damit mir keiner einen Vorwurf machen kann«.

Der Ritter hat nicht nur Angst vor der Zukunft, sondern oft auch vor der Weite und Höhe. Manche haben

Angst vor dem Fliegen und viele ein Mißbehagen, wenn sie beim Betreten eines Restaurants den Blicken der anderen ausgesetzt sind.

Weil der gewappnete Ritter glaubt, Besitz biete Sicherheit, vermehrt er ihn und häuft je nach Geschmack Geld, Häuser, Schmuck oder Kunstwerke an, oder er sammelt einfach allen Schnickschnack, Streichholzbriefchen oder Antiquitäten, Autogramme von Prominenten oder Bierdeckel, Statussymbole und alle Arten von geistigen und materiellen Ritterrüstungen.

Wenn die folgenden Aussagen bejaht werden, hat die defensive Haltung und das Mißtrauen eine Grenze erreicht, die vom Psychiater mit Neuroleptika behandelt werden muß: Es ist sicherer, niemandem zu trauen. Jemand ist mir feindlich gesinnt. Ich glaube, man spioniert mir nach. Ich glaube, man hat sich gegen mich verschworen. Ich kämpfe für eine gerechte Sache, auch wenn alle gegen mich sind. Ich habe manchmal das Gefühl, man verfolgt mich.

»Typ« = typisches Verhaltensmuster

Hast Du in diesem Familienfoto mit den 8 Typen Deine ungewöhnlichen Freunde und Deine lieben Feinde oder hast Du gar Dich selbst in einem oder in einigen Typen wiedererkannt? Wenn Du die Einschränkung machst:»Ja, zum Teil«, so gebe ich Dir recht. Wenn Du außerdem der Meinung bist, daß das ahnungslose Opfer, auf das Du Dein Visier richtest, sowohl Teile von einem als auch von einem andern Typ habe, pflichte ich Dir voll und ganz bei.

Ich hoffe, Du machst mir nicht den Vorwurf, ich wolle den Menschen mit seinem unermeßlichen Reichtum an Möglichkeiten in nur eine einzige typologische Schachtel pressen. Das wäre ein Mißverständnis.

Im vierten Teil dieses Buches über die Funktionspsychologie (Seite 205) wirst Du sehen, daß es nicht um verschiedene Schachteln geht, in die hinein alle Menschen sortiert werden sollen, wie das bei Typologien so häufig geschehen ist.

Mit dem Begriff »Typ« bezeichne ich ausdrücklich nicht das ganze Wesen eines Menschen. Mit Typ meine ich nichts anderes und nicht mehr als die Verhaltensweise, die ein bestimmter Mensch in bestimmten Situationen bevorzugt: also seine »typische« Verhaltensweise. Mit »Typ« beschreibe ich also – im Gegensatz zu andern Typologien – nur die »typischen« Verhaltensmuster, die »typischen« Funktionen, zu denen grundsätzlich jeder Mensch fähig wäre. So können wir z. B. von einem Menschen sagen: Es ist für ihn typisch, daß er sich räuspert, wenn er unsicher ist. Oder von einem andern: Es ist typisch, daß er schweigsam wird, wenn er unsicher ist. Oder von wieder einem andern: Es ist typisch, daß er ständig lacht, wenn er sich unsicher fühlt.

Der 4-Farben-Mensch ist bestrebt, sich in gewohnten und in neuen Situationen angemessen, also normal und nicht auf eine besondere für ihn typische Weise zu verhalten.
Der Durchschnittsmensch hingegen wendet bei unerwünschten Situationen eine bestimmte, für ihn typische Abwehrtaktik an

Teufel 1
Schlange 2
Märtyrer 3
Ritter 4.

Er wendet auch eine bestimmte für ihn typische Zieltaktik an, weil er meint, so schaffe und erreiche er die für ihn wünschenswerte Situation

Engel A
Pfau B
Angeber C
Phantast D.

Jeder Mensch muß also allerwenigstens sowohl nach seiner bevorzugten Abwehrtaktik als auch nach seiner bevorzugten Zieltaktik beschrieben werden. Das tun wir mit den Kombinationstypen. Wir kombinieren beispielsweise die Abwehrtechnik »der unzufriedene Teufel 1« mit der Zieltaktik »der wichtigtuerische Angeber C«. Daraus entsteht einerseits der gierige Angeber C1, andererseits der provozierende Teufel 1C.

Die Lüscher-Farbscheibe

Wie die beschriebenen Typen hat auch die Farbscheibe
zwei Seiten. Bitte entnimm jetzt die Farbscheibe hinten
aus dem Buch.
    Die **Vorderseite** enthält die Zieltaktiken. Sie zeigt die
vier Haupttypen:

A gutmütiger Engel

B eingebildeter Pfau

C wichtigtuerischer Angeber

D erwartungsvoller Phantast

Dazu nennt sie jeweils 3 Untertypen, also insgesamt 12
verschiedene Typen.

Die **Rückseite** der Scheibe umfaßt die Abwehrtaktiken; nämlich die 4 Haupttypen:

unzufriedener Teufel

1

wendige Schlange

2

gequälter Märtyrer

3

gewappneter Ritter

4

und dazu wiederum die ihnen zugehörigen 3 Untertypen.

Unter jedem Haupttyp ist im Innenkreis der Scheibe das ihm zugehörige Selbstgefühl angegeben. Dieses Selbstgefühl ist das innere Motiv für das Verhalten.
So ist z. B. im Feld 3 das Selbstmitleid (»Es geht mir schlecht; wie bin ich doch ein bedauernswerter Mensch«), das innere Motiv für das Verhalten als gequälter Märtyrer.

Anweisungen
zum Gebrauch der Lüscher-Farbscheibe

Bevor Du die Lüscher-Farbscheibe zum erstenmal benützt, sollst Du in den Tabellen (Seite 96 ff.) gelesen haben, wie die Farbtypen (die farbigen Hauptfelder A, B, C, D und 1, 2, 3, 4) zu verstehen sind.

1. Denke an einen eigenartigen Dir gut bekannten Menschen, dessen Charakter Du durch Beobachtungen und Erfahrungen kennst. Es sollte aber niemand sein, der sich als normaler 4-Farben-Mensch im Gleichgewicht befindet.

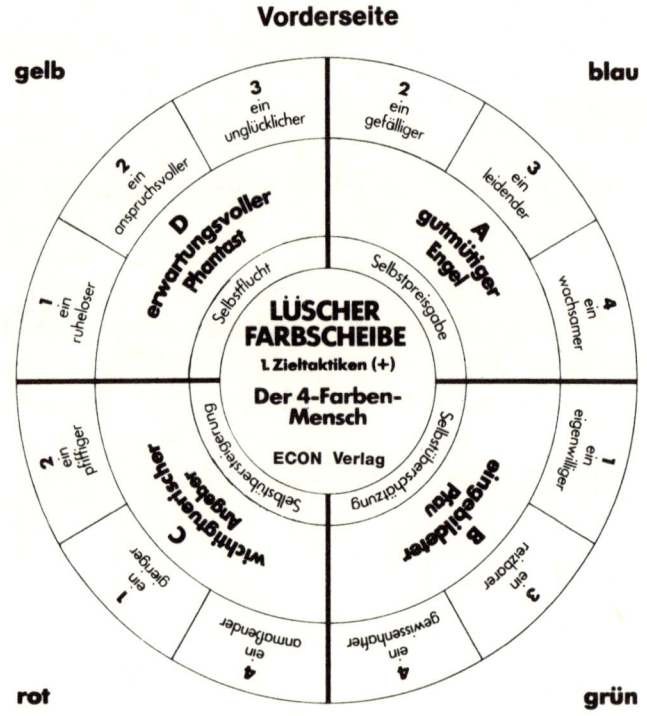

Vorderseite

2. Nimm die Lüscher-Farbscheibe zur Hand. Lies die 4 Farbtypen in den inneren farbigen Hauptfeldern A, B, C und D. Entscheide Dich, welcher Farbtyp am besten auf diesen Menschen zutrifft, und merke Dir den betreffenden Buchstaben (z. B. A: gutmütiger Engel).

3. Über dem Hauptfeld liegen 3 Felder. Sie beschreiben die 3 Untertypen.
   Versuche zu entscheiden, welcher der 3 Untertypen der Person am besten entspricht.

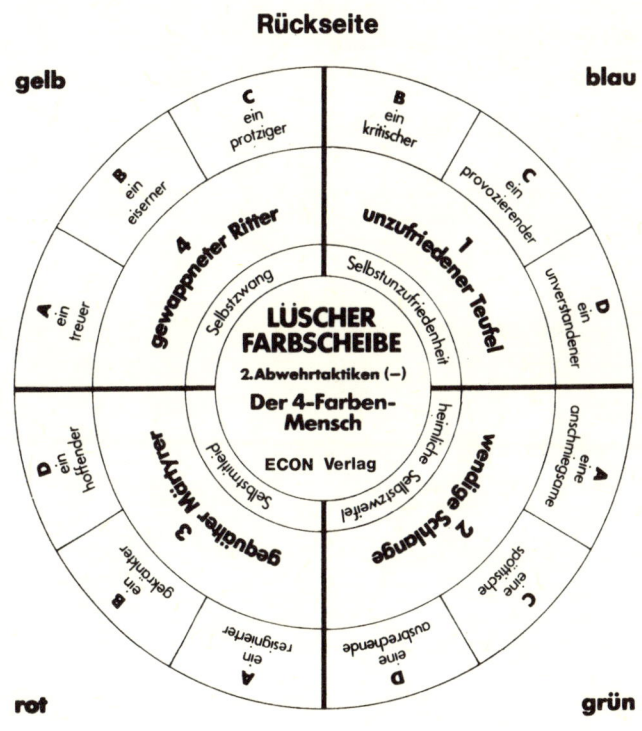

4. Merke Dir die Ziffer und den Buchstaben (z. B. 3A; ein leidender, gutmütiger Engel). Lies die Bedeutung in den nachfolgenden Tabellen.

5. Kontrolle:
   Drehe jetzt Ziffer und Buchstabe um (z. B. aus 3A wird A3). Lies in jedem Fall auch diese »Kehrseite« des Typs. Wenn auch die Kehrseite im wesentlichen zutrifft, dann hast Du die Person richtig beurteilt. Andernfalls mußt Du bei 2. und 3. noch einmal genauer bestimmen.
   Außerdem gibt es noch folgende Möglichkeit:
   Der Typ kann auch dadurch gefunden werden, daß Du nur unter den farbigen 4 Haupttypen auf der Vorderseite und den farbigen 4 Haupttypen auf der Rückseite die Auswahl triffst. Daraus ergeben sich der Buchstabe und die Ziffer.

Die Selbstbeurteilung auf der Farbscheibe

Wenn Du versuchst, zuerst auffällig eigenartige Bekannte einem Typ auf der Scheibe zuzuordnen, wirst Du bald so viel Erfahrung haben, daß Du genau weißt, wie die einzelnen Typen zu verstehen sind. Bald wird es Dir leichtfallen, andere Menschen, sogar wenn sie Dir im Restaurant oder in der Eisenbahn begegnen, in ihrer typischen Eigenart zu erkennen. Wenn Dich die anderen nicht als 4-Farben-Menschen im inneren Gleichgewicht sehen, aber den Mut haben, Dir zu sagen, für welchen Typ sie Dich halten, wirst Du hoffentlich die Sternstunde Deiner Selbsterkenntnis erleben. Dir selbst aber wird es kaum gelingen, Dich so einzuschätzen, wie Dich die anderen sehen, und Dich auf der Farbscheibe eindeutig einem bestimmten Typ zuzuordnen; selbst dann nicht, wenn Dich die anderen mit Leichtigkeit und vielleicht sehr eindeutig als einen dieser Typen sehen.

Die Kombinationstypen

A1

Der gutmütige Engel (Seite 97)

im inneren Widerspruch mit seinem unzufriedenen Teufel
Selbstpreisgabe und Selbstunzufriedenheit

1A

Der unzufriedene Teufel (Seite 100)

im inneren Widerspruch mit seinem gutmütigen Engel
Selbstunzufriedenheit und Selbstpreisgabe

Der gefällige Engel

A2

| Selbstgefühl: | Selbstpreisgabe infolge geheimer Selbstzweifel |
| Verhalten: | Anpassung und Kompromißbereitschaft, um Nachteile zu vermeiden und die Ansprüche diplomatisch, taktisch durchzusetzen |

Der gefällige Engel ist ein konzilianter, lächelnder, anpassungsbereiter Weggenosse, solange Du ihm den weichen Teppich ausrollst, auf dem er Dich begleiten kann. Seine Ansprüche sind zwar vorhanden, doch getraut er sich nicht, sie offen zu vertreten, und stellt sie daher zurück.

Seine Taktik ist die des Kompromisses. Ihm ist der Friede um jeden Preis wichtiger als der Sieg auf dem Scherbenhaufen. Er sucht einen Modus vivendi, ein Arrangement mit dem Partner, damit sie miteinander auskommen oder wenigstens ohne Karambolage aneinander vorbeikommen. Der gefällige Engel verhält sich freundlich, um keinen Widerspruch, keine Auseinandersetzung und keinen Streit hervorzurufen.

Dadurch nimmt er Nachteile und Verzichte auf sich, die ihn aber in eine innere Spannung bringen. Um diese abzubauen, bemüht er sich um so eifriger, keine Konflikte aufkommen zu lassen und eine friedliche Harmonie herbeizuführen.

Er ist daher so lange bereit, Verständnis aufzubringen und sich liebevoll dem Partner zuzuwenden, als er die notwendigen Voraussetzungen für eine Gemeinschaft für gegeben hält. Andernfalls wird er zum »kritischen und trotzigen Teufel«.

2A Die anschmiegsame Schlange

Selbstgefühl: geheime Selbstzweifel
Verhalten: gewandte Liebenswürdigkeit
                diplomatische Anpassung
                clevere Taktik

Die anschmiegsame Schlange will zwar ihre Wünsche, Bedürfnisse und Ansprüche durchsetzen, zweifelt aber, inwiefern es ihr gelingen werde, denn sie sieht die Widerstände und Schwierigkeiten. Sie weiß, daß ein frontaler Angriff nicht zum Ziel führt und daß ihre Widerstandskraft und Ausdauer nicht ausreichen würden, um sich erfolgreich zu behaupten und ihre eigenwilligen Ansprüche durchzusetzen.

Darum weicht sie der direkten Konfrontation aus und versucht durch Anpassung und Kompromisse, ihre Ziele allmählich oder wenigstens soweit als möglich zu erreichen. Aus cleverer Taktik und um keine Trümpfe zu verspielen, stellt die anschmiegsame Schlange kein Ultimatum und schiebt endgültige Entscheidungen so lange als möglich hinaus. Sie meidet das Entweder-Oder und sucht nach einer Lösung im Sowohl-Als-auch. Mit dieser Taktik erreicht sie mehr, obgleich sie auf den geeigneten Augenblick warten muß. Sie kommt ihrem Ziel Schritt für Schritt näher und erstrebt eine Beziehung, die harmonisch zu sein scheint und von Spannungen und Konflikten möglichst wenig erschüttert wird.

Der leidende Engel **A3**

Selbstgefühl: Selbstmitleid, Selbstpreisgabe
Verhalten: sentimentales Mitleid
fühlt sich überfordert
Abwehr gegen Aufregungen
ist rasch erschöpft, benötigt Schonung
und Rücksichtnahme
betäubt sich durch Alkohol, Rauchen,
Eßsucht, Schlafmittel oder Frömmelei

Der leidende Engel gibt sich gutmütig, weil er mit sich
selbst und allen, denen es auch nicht so gutgeht, wie sie
sich's wünschen, Mitleid und Bedauern hat. Er leidet
unter dem Mißerfolg, den er gegenüber seinen Zielen,
Ansprüchen und Erwartungen erlebt hat. Deshalb neigt
er zu Depressionen, fühlt sich geschwächt und glaubt
nicht, aus eigener Kraft seine Ziele erreichen zu können.
Die Resignation (»Es geht ja doch nicht«,»Es hat doch
alles keinen Sinn«) hat bei ihm überhandgenommen und
macht ihn äußerlich versöhnlich. Er hat sich mit Kompromissen abgefunden. Er nimmt eine Haltung ein, die
tolerant erscheint, in Wirklichkeit aber der eigenen Hilflosigkeit, Schwäche, Unterlegenheit und Resignation
entspringt. Um sich in Auseinandersetzungen nicht auf-
zureiben, geht der leidende Engel so weit, seine eigentlichen Ansprüche aufzugeben. Dem äußeren Frieden
zuliebe macht er Konzessionen, die bis zur Selbstverleugnung und zur Selbstpreisgabe gehen.
Der leidende Engel betäubt seine Konfliktsituation
mit Kompromissen oder mit Beruhigungsmitteln. Darum braucht er Betäubungsmittel wie Alkohol oder
Schlafmittel, oder er raucht zuviel oder ißt zuviel oder
betäubt sich mit Frömmelei.

3A Der resignierte Märtyrer

Selbstgefühl: Selbstmitleid
Unterlegenheitsgefühl
resignierte Selbstaufgabe
Verhalten: fühlt sich überfordert
Müdigkeit
pessimistisch
depressiv
wenig Interessen
wenig Appetit

Der resignierte Märtyrer hat die Hoffnungen auf Erfolg und Lebensfreude an den Nagel gehängt. Die Welt hat sich für ihn verdüstert. Es quält ihn, daß er seine Ziele und die erwünschte Situation nicht erreichen kann, und daran reibt er sich auf. Das macht ihn müde und schlapp. Der Horizont seiner Interessen wird immer enger. Er wird immer lustloser. Er hat auf nichts Appetit. Der Zustand der Depression, der Sog in die Tiefe, überschattet den Alltag und die Zukunft. Schließlich ist ihm alles verleidet, und er wünscht, er wäre tot.

In den Zustand des resignierten Märtyrers geraten Menschen durch eine Liebesenttäuschung oder weil der Verlust eines geliebten Menschen oder weil schwere berufliche Mißerfolge eingetreten sind.

Auch Menschen, die glauben, viel verpaßt zu haben, und aus Erlebnishunger den Verlust ihrer Jugend nicht akzeptieren wollen, quälen sich über die oft nur vermeintlichen Schranken ihres Alters. Markante Altersstufen (40, 50, 60) lösen beim resignierten Märtyrer meist Depressionen aus, die als »klimakterische Verstimmungen« längere Zeit andauern.

Der wachsame Engel

Selbstgefühl: Selbstverleugnung und Selbstkontrolle
               oder Selbstzwang
Verhalten: liebevolle Aufmerksamkeit, gefühlvolle
               Zuwendung, Sicherheits- und Harmo-
               niebedürfnis, Drang nach Geborgenheit,
               Anklammerung an idealisierte Bezie-
               hung

Der wachsame Engel hat ein starkes Bedürfnis nach Sicherheit und Geborgenheit. Er fühlt sich nur wohl, wenn eine enge, gefühlvolle Bindung zwischen ihm und dem Liebespartner sowie allen Angehörigen und Freunden besteht. Er ist gemütvoll und herzlich. Er tut gerne etwas anderen zuliebe. Ihre Freude und Dankbarkeit bestätigen ihm das Gefühl der Verbundenheit und Geborgenheit in einer engen und vertrauten Gemeinschaft. Weil er dieses Gefühl braucht, ist er aufmerksam, fürsorgend und bemutternd. Weil er selbst Geborgenheit benötigt, wacht er darüber, daß die feste Bindung durch keine Veränderungen und störenden Einflüsse beeinträchtigt oder erschüttert wird. Der wachsame Engel klammert sich an den Partner und an die Bindung, weil er in sich selbst keine Sicherheit gefunden hat. In der Einsamkeit fühlt er sich verloren. Er fürchtet, den inneren und äußeren Halt zu verlieren. Die Angst vor dem Verlust jeder Bindung beherrscht ihn und zwingt ihn, bis zur Selbstverleugnung nachzugeben, wenn die Gemeinschaft bedroht ist.

Veränderte, neue Situationen machen ihn so unsicher und irritieren ihn so sehr, daß er sie entweder so lange als möglich ignoriert oder aber sich so lange als möglich gegen sie sperrt.

145

4A

Der treue Ritter

Selbstgefühl: Selbstzwang
                Selbstverleugnung
Verhalten: Angst vor Zurückweisung
                treue Zuverlässigkeit
                Redlichkeit
                Loyalität
                Geduld
                konventionell

Der treue Ritter hat sein festgelegtes Ideal, sein Idol.
Und dem will er genau entsprechen. Er ist bereit, große
Verzichte und Opfer auf sich zu nehmen, wenn es um seine große Liebe, um seine Berufung und seine Aufgabe
geht, denn sie ist sein Ideal. Insgeheim aber fühlt er sich
selbst nicht sicher, weil er in sich keinen genügend festen
Halt findet.

Darum braucht er Idole, Ziele, die er idealisiert und
überschätzt. Für sein Idol will er sich aufopfern, in dieser
idealisierten Liebe oder idealisierten Aufgabe will er
aufgehen und darin den Sinn und die Erfüllung seines
Lebens finden. Mit Behutsamkeit und Geduld, mit kon-
stanter Anteilnahme und Begeisterung widmet er sich
seinem Lieblingsthema, seiner Lieblingsaufgabe und
seinem Lieblingspartner. Der treue Ritter sucht nicht
unzufrieden herum nach besseren Möglichkeiten, sondern beschränkt sich auf den Rahmen des Vertrauten.
Grundlegende Veränderungen machen ihn unsicher und
nehmen ihm, was er am nötigsten braucht, das Gefühl
der Sicherheit, der Verbundenheit und Geborgenheit.

Der eigenwillige Pfau

Selbstgefühl: unzufrieden
eingebildet
Selbstüberschätzung

Verhalten: selbstherrlich
erzwingen wollen
eigenwillig
autoritär
intolerant
unduldsam
anmaßend

Mit dem eigenwilligen Pfau ist nicht gut Kirschen essen.
Durch seinen inneren Stolz, durch seine Einbildung wird
er leicht überheblich und gibt patzige oder verletzende
Antworten, wenn ihm etwas nicht in den Kram paßt.
Er hält sich für maßgebend und zuständig, auch dort,
wo er es nicht ist. Er will sein Revier nicht nur bemei-
stern, sondern auch beherrschen. Ungeduldig und
gereizt, oft auch schroff, verletzend und trotzig verteidigt er sich, wenn er glaubt oder sich einbildet, jemand
breche in sein Revier ein oder stelle seine autoritäre
Zuständigkeit in Frage.
Der eigenwillige Pfau wehrt sich gegen jede Abhängigkeit. Besonders bei einer gemüthaften Zuneigung
befürchtet er, sich innerlich zu binden, abhängig zu werden und den eigenen Willen und seinen selbstherrlichen
Überlegenheitsanspruch einzubüßen. Der eigenwillige
Pfau verbirgt deshalb seine Unzufriedenheit hinter
einem stolzen, oft trotzigen Unabhängigkeitsanspruch.
Er geniert sich, seine Sehnsucht nach friedvoller Harmonie und zärtlich anschmiegsamer Verbundenheit ein-
zugestehen. Sein Stolz läßt es nicht zu. Der eigenwillige

Pfau ist genaugenommen kein Pedant, sondern ein Perfektionist, denn es geht ihm letztlich darum, daß er die Vollkommenheit und Vollendung seiner Ziele erreicht, bis sie die seiner Vorstellung entsprechen.

Der kritische Teufel

Selbstgefühl: Unzufriedenheit
Selbstüberschätzung
Verhalten: reizbar
anmaßend
vorwurfsvoll
intolerant
trotzig

Unter den unzufriedenen Teufeln hat der kritische Teufel die perfideste Taktik, um seine autoritären Ansprüche durchzusetzen. Er versteht es, den anderen zu dominieren oder gar zu demütigen, um das Gefühl der Überlegenheit auszukosten. Insgeheim leidet er darunter, daß sich die erträumte, harmonische Verbundenheit für ihn nicht erfüllt hat. Er vermißt das Gefühl der entspannten Vertrautheit und inneren Zugehörigkeit. Statt es mit Verständnis und Geduld wachsen zu lassen, kreidet er dem Partner oder der Situation an, daß die Voraussetzungen dazu fehlen.

Der kritische Teufel erwartet nicht nur, daß der andere sich verständnisvoll anpasse, sondern auch, daß er die Wünsche, Gedanken und erwarteten Aufmerksamkeiten an der Nasenspitze abzulesen imstande sei.

Der kritische Teufel ist leicht gereizt und rasch verletzt. Er sucht nicht nur die Schuld beim anderen, sondern will auch nicht einsehen, daß er mit seinen überfordernden Erwartungen die Konflikte selbst verursacht.

Bei Meinungsverschiedenheiten beharrt er auf seinem Standpunkt. Er ist zu keinen Konzessionen bereit und wendet sich abrupt ab, wenn der andere nicht einlenkt und ihm unverzüglich entgegenkommt.

Viele kritisch-trotzige Teufel versuchen, den anderen mit Ignorieren oder mit eisigem Schweigen kleinzukriegen. Sie wenden die Taktik des Liebesentzuges an, um andere zu dominieren. Mit diesem Verhalten beeinträchtigt der trotzige Teufel auch die erotische Beziehung.

Der eingebildete Pfau (Seite 104)

im inneren Widerspruch mit seiner wendigen Schlange
Selbstüberschätzung und heimliche Selbstzweifel

B2

Die wendige Schlange (Seite 109)

im inneren Widerspruch mit seinem eingebildeten Pfau
heimliche Selbstzweifel und Selbstüberschätzung

2B

B3 Der reizbare Pfau

Selbstgefühl: Selbstüberschätzung
Selbstmitleid
Verhalten: überempfindlich
reizbar
rasch gekränkt
beleidigt
schmollend
ist über Zumutungen empört

Der reizbare Pfau stolpert über seine Selbstüberschätzung. Wer seine Selbstbewunderung nicht durch entsprechende Bestätigungen rechtfertigt, kränkt ihn und macht ihn sich zum Feind.

Der reizbare Pfau bildet sich aus irgendeinem Grund ein, er sei als besonderer Vogel zu bewundern und man müsse seine elitäre Besonderheit durch entsprechend respektvolle Aufmerksamkeit und Rücksichtnahme würdigen. Wer diese Hochachtung nicht ausdrückt oder wenigstens spüren läßt, den stuft er als biederes Fußvolk, als Mensch zweiten Ranges von minderer Bildung und Kultur ein. Je nach seinem eigenen Standpunkt disqualifiziert er ihn entweder als Spießbürger oder als Snob. In Wirklichkeit ist der reizbare Pfau beleidigt, weil seine Selbstbewunderung nicht bestätigt wird. Dadurch fühlt er sich verkannt und rutscht ins Selbstbedauern ab. Da er insgeheim sowieso daran zweifelt, ob sich seine Selbstüberschätzung mit der Wirklichkeit vereinbare, kränkt ihn jede vermeintliche Zurücksetzung.

Daher hat er die Allüren der eitlen Primadonna, ist überempfindlich und erzwingt quengelnd, daß man sich bei ihm entschuldigt, wenn er meint, man habe ihn in seinem Revier nicht als Pfau Nr. 1 respektiert.

Der gekränkte Märtyrer

Selbstgefühl:	Selbstmitleid
	gekränkter Stolz
Verhalten:	fühlt sich verkannt
	fühlt sich betrogen
	Widerwille
	Opposition
	Querulant

Der gekränkte Märtyrer ist in seinem Stolz verletzt und wird daher zum Michael Kohlhaas. Er glaubt, für eine gerechte Sache zu kämpfen, wenn er aus dem Gefühl der Demütigung zum Protest greift, in Opposition geht oder gar zum Querulanten wird.

Er ist beleidigt und fühlt sich verkannt und betrogen. Er findet, daß man sich zu ihm nicht fair, nicht aufrichtig und nicht gerecht verhalten habe. Es demütigt ihn, daß man so rücksichtslos und lieblos mit ihm umspringt. Das kränkt ihn nicht nur, sondern er bedauert sich darob.

Daß man ihn verkennt oder daß man ihn für blöd verkaufen wollte, trifft ihn als Beleidigung und bringt ihn in Harnisch. Jetzt zeigt er dem anderen, mit wem er es zu tun hat. (»Das hat man keinem Toten angetan.«) Er hält Abrechnung, und die Rechnung kann ein sachlicher Protest sein oder eine persönliche Rache werden.

Leicht weitet sich der Protest aus und wird zur Opposition, oder die Opposition wird zum Prinzip erhoben: Der reizbare Pfau wird zum gekränkten Märtyrer, zum sauren Nörgler und zum Querulanten.

B4 Der gewissenhafte Pfau

Selbstgefühl:	Selbstüberschätzung, Selbstzwang
Verhalten:	Gewissenhaftigkeit
	Prestigeanspruch
	Expertenanspruch
	Pedanterie
	rechthaberisch
	sich zwingen
	vorsichtig
	eifersüchtig
	Angst vor Verlust
	Sammler

Der gewissenhafte Pfau hat keinen lauten, aber einen unerbittlichen Geltungsanspruch. Er schafft sich ein Revier und baut es zu seiner Burg aus.

Sein Prestigeanspruch erscheint zwar äußerlich als Perfektionismus, der innere Beweggrund aber ist der Machtanspruch der Pedanterie. Mit seiner Zuständigkeit, mit seinem Expertenwissen oder mit seinem Ordnungsanspruch will er sich selbst das Gefühl der Sicherheit und Überlegenheit verschaffen und alle anderen, die ihn verunsichern könnten, damit dominieren. Der gewissenhafte Pfau ist nicht nur in mancher Hinsicht zuständig, sondern er fühlt sich überhaupt zuständig. Denn mit diesem Überlegenheitsgefühl versucht er seine heimliche Selbstunsicherheit und Verlorenheit zu meistern. Die Verlorenheit äußert sich als Angst vor Verlust an Geltung oder an Besitz. Weil er gegen seine heimliche Unsicherheit durch Bemeisterung, Ordnung und Pflichterfüllung oder Pedanterie ankämpfen muß, duldet er keine Anzeichen der Unsicherheit. Er verwahrt sich gegen Kritik und lehnt Beeinflussung ab.

Durch eine konsequente, strenge Überprüfung bis in alle Einzelheiten will er beweisen, daß er zuständig und maßgebend ist. Auf diese Weise will er sich das Gefühl der eigenen Festigkeit und Sicherheit vermitteln.

4B

Der eiserne Ritter

Selbstgefühl: Selbstzwang
                Selbstüberschätzung
Verhalten: Eifer
                Fleiß
                Zuverlässigkeit
                Pflichterfüllung
                Ausdauer
                pedantisch
                verbohrt
                Prinzipien
                gerissene Naivität
                furchtlos

Der eiserne Ritter hat Angst, daß er in seinen Erwartungen enttäuscht werde und sich von illusionären Hoffnungen irreführen lasse. Er befürchtet, daß er den Halt und den festen Boden unter den Füßen verlieren würde, wenn er sich einem unkontrollierten Wunschdenken und der lustvollen Phantasie überlassen würde.

Das ist die heimliche Angst, die den eisernen Ritter veranlaßt, sich in die eiserne Rüstung des Selbstzwanges, der Pflichterfüllung, des Fleißes und der beharrlichen Ausdauer zu zwingen. Der eiserne Ritter will sich bewähren, damit man auf ihn zählen kann. Darum prüft und kontrolliert er bis in alle Einzelheiten, was immer ihm anvertraut ist. Wenn ein Resultat stimmt, schöpft er daraus seine Selbstbestätigung. Er rechnet und berechnet nach Nützlichkeit und Zweckmäßigkeit, weil ihm das, was rational erfaßt und geordnet ist, das Gefühl der Beruhigung und Sicherheit vermittelt. Allen anderen Lebensbereichen, der spontanen Vitalität und der unbekümmerten Lebensfreude mißtraut er. Für ihn sind dies illusionäre Abenteuer, die er unbedingt meidet. Er hält sie nicht nur für gefährlich, sondern auch für unverantwortlich oder unmoralisch. Darum lebt er nach reformerischen Gesundheitsregeln und will seine Lebensansichten auch anderen aufdrängen. Er ist nicht nur belehrend, sondern will sich auch selbst eifrig weiterbilden. Vorsicht und berechnende Nützlichkeit ist die Legierung, aus der seine Ritterrüstung geschmiedet ist. »Ohne Fleiß kein Preis« heißt das freudlose Motto seines Strebens nach Sicherheit und Anerkennung.

C1 Der gierige Angeber

Selbstgefühl:	Selbstübersteigerung
	Selbstunzufriedenheit
Verhalten:	imponieren wollen
	durch auffallende Wirkung als wichtige
	Persönlichkeit beeindrucken wollen

Von allen Angebern ist der gierige Angeber einer der verbreitetsten und der unzufriedenste. Seine ruhelose Unzufriedenheit gegenüber dem Erreichten und der bestehenden Situation treibt ihn auf ein neues Ziel zu, das seinem Erlebnis- und Erfolgshunger Befriedigung bringen soll.

Ist er naiv genug, so serviert er jedem, dem er begegnet, so schnell wie möglich, was er alles kann, was er alles hat und mit welchen bedeutenden Leuten er befreundet ist; zu deutsch, wie einflußreich er ist. Er hält sich nicht nur für vielseitig, großartig, attraktiv und unwiderstehlich sexy, sondern er glaubt, daß es bei ihm wie bei einer Rakete auf der Abschußrampe erst so richtig losgehe. Ihm fehlt die Geduld und die Bereitschaft, sich liebevoll und verständnisvoll auf eine gegebene Situation einzustellen. Ihm fehlt die innere Bescheidenheit. Darum empfindet er für Liebe, die er empfängt, auch keine Dankbarkeit und bleibt unbefriedigt. Dadurch wird der gierige Angeber zu einem unzufriedenen Nimmersatt. Er reiht ein Erfolgs- oder Sexerlebnis hinter das andere, wie ein Urwaldneger seine Glasperlen auffädelt. Oft gibt er mit allem an, was er vorweisen kann, z. B. seine Körperformen oder den Erfolg, den er gehabt hat, oder ein Kunstwerk, das er besitzt. Am liebsten singt er wie ein Schauspieler oder Minimanager seine Karrierenarie ab.

Ob Automarken, ob Antiquitäten, ob Erfolge oder Reiseerlebnisse, ob Weinsorten oder Sexeroberungen, der gierige Angeber schlägt jedem seine Erfolgstrophäen um die Ohren, bis er glaubt, daß man's ihm glaubt.

1C Der provozierende Teufel

Selbstgefühl: Unzufriedenheit
wichtigtuerische Selbstübersteigerung
Verhalten: Unruhe
Agitiertheit
herausfordernd, um Kontakte und Auseinandersetzungen in Gang zu bringen
und die beziehungslose Leere, die
Langeweile, die resonanzlose Isoliertheit und die Unbefriedigtheit abzuwehren

Der provozierende Teufel ist unbefriedigt, weil er bei seiner starken Erregbarkeit und gemüthaften Ansprechbar-
keit unter der fehlenden Resonanzbereitschaft, unter
der Eintönigkeit und mangelnden Auseinandersetzung
leidet. Er fühlt sich wohl, wenn in der Partnerbeziehung
eine intensive Begegnung und erotische Faszination
erfüllt ist, und liebt auch Aufgaben, bei denen er sich
ganz und persönlich einsetzen muß.

Menschen, die ihre wahren Gefühle hinter konventio-
nellen Klischees verbergen und durch Langeweile eine
Kluft und Leere schaffen, erträgt der provozierende Teufel nicht. Darum greift er zur Provokation. Durch
Direktheit oder burschikose Kritik provoziert er den
anderen. Er versucht, ihn an seiner schwachen Stelle zu
treffen. Das gibt dem provozierenden Teufel das Gefühl
der Überlegenheit. Damit rächt er sich für die ungenü-
gende, unbefriedigende Zuwendung oder eine früher
erlittene Zurückweisung.

Der pfiffige Angeber

Selbstgefühl: wichtigtuerische Selbstübersteigerung infolge geheimer Selbstzweifel

Verhalten: will mit äußeren Mitteln und mit der Pose der Überlegenheit als wichtige und interessante Persönlichkeit imponieren braucht Bestätigungen

Der pfiffige Angeber lebt für die Imponierfassade, die er vor sich und anderen aufbaut. Der Beweggrund seines Tuns ist die Bestätigung und Bewunderung, die er von anderen braucht. Die Selbstzweifel verbirgt er oft so gut hinter seinem Imponiergehabe, daß er sie streckenweise selbst nicht mehr wahrnimmt, wenigstens solange er gewandt oder schlagfertig seinem Publikum seine Überlegenheit vorspielt.

Mit abgedroschen originellen Redensarten oder mit neuverpackten Standardwitzen, mit Geheimtips über Freß-, Sex- und Investitionsgelegenheiten, mit Schwachstrombeziehungen, die er zu Hochspannungsleitungen transformiert, macht er aus sich den Supermann oder die unvergleichliche Starfrau.

Der pfiffige Angeber will den anderen, in Wirklichkeit aber sich selbst, beweisen, daß er schlauer, überlegen und ein bewundernswerter Tausendsassa sei. Sein redlich Brot wie andere verdienen beweist keine Überlegenheit. Darum will er als cleverer Geschäftsmann brillieren, oder er träumt von einem genialen Trick, mit dem er einen Coup landet und schlagartig reich oder berühmt wird.

Er träumt nicht nur von dem großen Wurf, der ihm bevorsteht, genaugenommen vorschwebt, sondern er redet auch davon. Aber er sagt nicht selten, daß er davon noch nicht reden darf, einerseits, um sich interessant zu machen, und andererseits, um sich nicht zu blamieren, wenn wieder einmal nichts daraus wird.

Der pfiffige Angeber verleitet wie der Rattenfänger von Hameln alle, die ihren Kinderglauben behalten haben, dazu, seine Erfolgsmärchen, sein Jägerlatein und seine Werbesprüche zu glauben.

Die spöttische Schlange

Selbstgefühl: geheime Selbstzweifel
Verhalten: Aggression zur Selbstbestätigung
schnippische Vorwürfe zur Selbstvertei-
digung und Rechtfertigung
impulsive Äußerungen und verletzende
Demütigungen

Die spöttische Schlange versteht es, mit ihrer schlagferti-
gen spitzen Zunge jeden, der sie behindert, so zu treffen, daß ihn das Gift der Demütigung kränkt und lähmt.
Blitzschnell ist sie in der Kampfstellung, um sich gegen
jede Einengung ihrer Interessen, gegen jeden Vorwurf
und gegen jeden Druck zur Wehr zu setzen. Ihre Aggression ist eine Rechtfertigung oder eine Verteidigung ihrer
Ansprüche und ihrer Freiheit.

Insgeheim zweifelt sie an sich und daran, ob sie ihren
Anspruch auf Freiheit durchsetzen kann. Darum fühlt
sie sich von Forderungen, die an sie gestellt werden,
bedrängt. Sie ist unsicher, ob sie hohen Anforderungen
genügen kann, und möchte sich auch durch keine Bin-
dungen festlegen. Was sie aus Begeisterung tut, macht
sie mit Schwung und taktischer Gewandtheit. Was sie
unter äußerem Druck oder Zwang tun sollte, lehnt sie
abrupt ab. Ist sie in ihrem heimlichen Selbstzweifel
getroffen, geht sie zum Gegenangriff über.

Fehlt ihr das geforderte Maß an Anerkennung, wird
die ironische Überheblichkeit zur Dauerhaltung. Sie
braucht ein Opfer, das sie mit Worten oder Taten demütigen kann, um dabei ihre Überlegenheit auszukosten.
Mit der Überheblichkeit verbirgt sie ihr heimliches Minderwertigkeitsgefühl vor anderen und sich selbst.

C3 Der wichtigtuerische Angeber (Seite 114)

im inneren Widerspruch mit seinem gequälten Märtyrer
Selbstübersteigerung und Selbstmitleid

3C Der gequälte Märtyrer (Seite 119)

im inneren Widerspruch mit seinem wichtigtuerischen
Angeber
Selbstmitleid und Selbstübersteigerung

Der anmaßende Angeber

Selbstgefühl: Selbstübersteigerung
Verhalten: Eifer
               benötigt Erfolgserlebnisse
               strebt nach Bestätigung
               will eine imponierende Rolle spielen
               anmaßender Geltungsanspruch
               Eitelkeit
               prätentiös

Der anmaßende Angeber ist eitel. Insgeheim bangt er darum, ob er all die bewundernde Anerkennung bekommt, die er von den anderen erwartet.

Er will eine imponierende Rolle spielen und benötigt unentwegt die Bestätigung, wie gut, wie großartig und wunderbar er sei. Von anderen gelobt und bewundert zu werden sind für ihn notwendige Erfolgserlebnisse, die er braucht wie der Schauspieler den Applaus.

Um diese Bewunderung immer wieder zu erlangen, wendet er viel Zeit und noch mehr Geld auf. Er findet alles schön, was ihn zur Geltung bringt. Darum legt er großen Wert darauf, attraktiv angezogen zu sein. Er leert seine Kasse, um den Kleiderschrank zu füllen und sich mit Pracht auszustatten. Weil er das Besondere will, ist es teuer. Was andere für Luxus halten, findet er für sich gerade gut und richtig.

Er dekoriert sich mit dem, was teuer und dem Snob deshalb lieb ist. Weil er ständig beeindrucken will, wird für ihn jede Begegnung zu einem Wettkampf. Er rivalisiert mit jedem anderen um die gesellschaftliche oder berufliche Position. Er vergleicht sein Einkommen, seinen Besitz, seine Attraktivität beim anderen Geschlecht, seine geistige Überlegenheit, seine Körperfigur, seine sportliche Leistung, wie schnell er mit dem Auto von einer Stadt zur anderen fährt, wieviel Alkohol er verträgt, wie schnell er aus dem Spital als geheilt entlassen wird. Der anmaßende Angeber ist innerlich abhängig von der Bewunderung, die er mit seinem demonstrativ großspurigen Lebensstil heischt. Argwöhnisch beobachtet er, wie sehr sich der andere beeindrucken läßt. Auch verträgt er nichts schlechter als Kritik an seiner Person. Wer ihn in seinen Großmannsmanieren und Jet-set-Allüren nicht wie ein Frosch mit aufgerissenen Augen bewundert, den findet er uninteressant, den streicht er von der Partyliste und verstößt ihn aus seinem Kitschparadies.

166

Der protzige Ritter

Selbstgefühl: Selbstzwang
Verhalten: Ehrgeiz
benötigt Erfolgserlebnisse und Bestätigung
anmaßender Geltungsanspruch
Eifersucht aus Angst vor Liebesverlust
Rivalisiersucht
Neid aus Angst vor geringerem Prestige

Der protzige Ritter verbirgt sich hinter einem vergoldeten Panzer. Alles, was ihn betrifft oder mit seiner Person zusammenhängt, muß brillieren. Wenn ihn die anderen bewundern, gibt ihm das ein Gefühl von Sicherheit. Er braucht die Bestätigung, die Anerkennung seiner persönlichen Leistung. Darum ist er ehrgeizig.

Er zwingt sich und fordert sich Leistungen ab, die ihn zum Erfolg führen und seine Person attraktiv machen sollen. Als protzig-wichtigtuerischer Ritter legt er großen Wert auf das Ansehen, das er bei anderen und der Gesellschaft hat. Er dekoriert sich und sein Revier mit Prestige-Signalen. Er akzeptiert nur Leute, die ihm Respekt und Bewunderung zollen. Für die Ansichten anderer hat er wenig Verständnis. Daher ist er auch nicht tolerant und neigt zur Eifersucht, denn er hat Angst, sein Prestige einzubüßen. Bei all seiner vornehmen Wichtigtuerei ist er innerlich unfrei, fürchtet jede Kritik und hat Angst, er könne sich blamieren.

Sein Erfolgsziel verfolgt er mit bohrender Intensität und beharrlicher Ausdauer.

Mit Ehrgeiz und Eifer trachtet er danach, das gesellschaftliche Ansehen seiner Person zu erhöhen.

D1 Der ruhelose Phantast

Selbstgefühl: unbefriedigt
              Selbstflucht
Verhalten: ruheloses Suchen
              unstet, agitiert
              Lostrennung
              Flucht vor depressivem Versinken

Der ruhelose Phantast ist ein ewig Suchender. Er hat noch nicht gefunden, was ihm Erfüllung, Glück und Befriedigung zu bieten vermag. Er entflieht seiner Gegenwart und Wirklichkeit, weil er in ihr nicht das Verständnis und die Resonanz findet, die ihm das Gefühl von Vertrautheit und Verbundenheit geben. Er empfindet die unbefriedigende Situation als Leere und reizlose Langeweile, deshalb flieht er sie. Er sucht nach neuen Reizen und richtet seine erwartungsvolle Aufmerksamkeit auf alles Neue, das als Erlebnismöglichkeit am Horizont auftaucht.

Er hat Angst, verletzt zu werden. Darum ist er nicht imstande, seine Gefühle dem Partner mutig und vertrauensvoll mitzuteilen. Damit schafft er eine entfremdende Leere. Da ihn diese Situation unbefriedigt läßt, kann er sich nicht entspannen, keine Ruhe, keine Befriedigung und keine harmonische Erfüllung finden. Er läuft weg, um unter der unbefriedigenden Leere nicht länger zu leiden. Sein ruheloses Suchen entspringt dem Drang, der leidvollen inneren Einsamkeit zu entfliehen. Er ist von der Hoffnung genährt, daß er einen Partner und eine Lebenssituation finde, die ihm Ruhe, Harmonie und befriedigende Erfüllung bietet.

Der unverstandene Teufel

Selbstgefühl: Selbstunzufriedenheit
Verhalten: ruheloses Suchen
                Flucht aus einer unbefriedigenden Situation
                Mangel an Geborgenheit und vertrauensvoller Verbundenheit
                agitierte Depression

Der unverstandene Teufel ist in keiner gemüthaften Bindung verwurzelt. Ihm fehlt die Geborgenheit in einer vertrauensvollen Verbundenheit. Weil ihn seine Situation nicht befriedigt, fühlt er sich in ihr »nicht zu Hause« und findet deshalb keine entspannte Ruhe und keine Erfüllung. Er erwartet von seiner Umwelt mehr Verständnis, mehr Resonanz und eine größere harmonische Übereinstimmung. Er kehrt sich innerlich von dieser unbefriedigenden Situation ab, verschließt sich, ist reizbar, ungeduldig und wendet seine Gefühle neuen Hoffnungen und Erwartungen zu. Das ruhelose Suchen nach neuen Möglichkeiten und besseren Voraussetzungen und nach einer erfüllenden, idealen Übereinstimmung bewirkt ein unstetes Getriebensein und den Wunsch wegzulaufen. An die Stelle der geduldigen Verständnisbereitschaft und kompromißbereiten Zufriedenheit treten eine immer größere Ungeduld, Reizbarkeit und schnell eintretende Enttäuschung.

Die heimliche Ahnung, daß die Hoffnungen und Erwartungen immer wieder enttäuscht werden, erzeugt beim unverstandenen Teufel eine agitierte, depressive Grundstimmung. Diese Lebenshaltung dauert so lange, als die Bereitschaft zur toleranten, verständnisvollen Zuwendung und liebevollen Verbundenheit fehlen.

D2 Der anspruchsvolle Phantast

Selbstgefühl: Selbstflucht
Verhalten: übersteigerte, illusionäre Erwartungen
will auf keine Vorteile verzichten
überhöhte, wählerische Ansprüche
rücksichtslose Emanzipation

Der anspruchsvolle Phantast will auf nichts verzichten, was ihm gefällt. Freiheit und Unabhängigkeit heißt für ihn, alles beanspruchen und über alles verfügen zu können, was ihm interessant und als neues Erlebnis reizvoll erscheint. Er will es deshalb, um jederzeit die Rosinen aus dem Kuchen picken zu können. Darum arrangiert und manipuliert er seine Verpflichtung so lange, bis er sie nicht mehr als unzumutbaren Zwang empfindet. Er ist anspruchsvoll und scheinbar wählerisch. In Wirklichkeit wählt er aber immer das aus, was ihn auszeichnet, ihm nützt und ihm deshalb vorteilhaft erscheint. Der anspruchsvolle Phantast lebt in der Vorstellung, er müsse aus den bestehenden Verhältnissen ausbrechen, da sie ihn an der Entfaltung seiner Möglichkeiten hindern. Er empfindet jede Lebenssituation, in der ihm nicht alle Möglichkeiten offenstehen, als Einengung und unzumutbaren Zwang. Er hält sich für emanzipiert und rechtfertigt damit seine Extravaganzen. Er hält sich für originell, auch wenn es ihm an authentischer Echtheit und der gemüthaften, tiefen Bindungsbereitschaft fehlt.

Die Veränderung, die Faszination des Neuen, die Erweiterung des Erlebnishorizontes, das Außergewöhnliche, die Ferne, die zentrifugale Ausweitung seines Territoriums werden zum Lebensinhalt des anspruchsvollen Phantasten. Er verachtet die konservative Ordnung als enggeistiges Spießbürgertum und versucht, durch Extravaganzen aus ihr auszubrechen.

Der anspruchsvolle Phantast erhebt den Anspruch auf alles, was er für möglich hält. Darum schiebt er Entscheidungen hinaus und lebt im Provisorium.

2D Die ausbrechende Schlange

Selbstgefühl: geheime Selbstzweifel und Selbstflucht
Verhalten: stellt überhöhte Anforderungen
will keinen Verzicht auf sich nehmen,
daher wendige Diplomatie, clever, raffiniert, ausweichend, heimlich, erfindet
Ausreden, schiebt Entscheidungen hinaus, um sich alle Vorteile offenzuhalten
arrangiert die Verhältnisse zum eigenen
Vorteil

Die treulose, ausbrechende Schlange ist auf der Flucht vor sich selbst. Sie stellt überhöhte Ansprüche, aber nicht so sehr an sich, sondern an die anderen. Darum genügt ihr nicht, was sie hat und was ihr geboten wird. Was immer sie interessant und reizvoll findet, muß sie haben. Weil sie befürchtet, ihre Ansprüche könnten zurückgewiesen werden, schlängelt sie sich auf heimlichen Wegen zum Ziel. Argumente und einleuchtende Ausreden fallen ihr so schnell ein, daß man ihr Glauben schenkt und sogar an dem zweifelt, was man mit eigenen Augen gesehen hat. Sie verwischt die Spuren, organisiert und manipuliert die Verhältnisse zu ihren Gunsten, um sich von Pflichten soweit als möglich zu entlasten. Die ausbrechende Schlange sucht die Faszination. Sie hat immer ein neues Ziel, und sie will es schnell und unmittelbar erreichen. Sie hat kaum Geduld und wenig Ausdauer.

Sie ist auf der Flucht vor sich selbst und daher auf der Flucht nach vorne. Sie braucht die Weite. Darum fühlt sie sich auch in der Luft und beim Fliegen wohl.

Die Gedanken der ausbrechenden Schlange dienen der Flucht und die Gefühle dem Flirt. Sie hat die Allüren des hübschen und verwöhnten Einzelkindes. Sie arrangiert ihre Verpflichtungen so, daß sie von ihnen möglichst entlastet ist und sich möglichst unbekümmert und frei ihrer Erlebnisgier hingeben kann.

D3 Der unglückliche Phantast

Selbstgefühl: Selbstflucht infolge Selbstmitleid
Verhalten: fühlt sich in einer schwierigen, ihm wider-
              strebenden Situation und hat deshalb mit
              sich Mitleid

Der unglückliche Phantast fühlt sich in einer Durch-
gangssituation. Er hofft, daß sich die gegenwärtigen,
ihm widerstrebenden Verhältnisse irgendwie ändern,
damit er aus der belastenden Problemsituation heraus-
kommt. Die bestehenden Schwierigkeiten empfindet er
als ein Unrecht, das ihm widerfährt, ohne daß er die
Ursache selbst verschuldet hätte. Der unglückliche
Phantast bedauert sich und kann sich in quälenden Grübeleien verstricken. Dadurch reibt er sich innerlich auf,
ist rasch erschöpft und benötigt Rücksichtnahme und
Schonung.

Es fehlen ihm die realistische Vernunft, die selbstsichere Entschiedenheit und Durchsetzungsfähigkeit, um
seine Verhältnisse in absehbarer Zeit grundlegend zu
verbessern.

Um so mehr gibt er sich seinen Tagträumereien hin
und lebt von der Hoffnung auf neue, befreiende und ent-
lastende Verhältnisse, die ihm eine bessere Lebenssituation ermöglichen sollen.

Der hoffende Märtyrer

3D

Selbstgefühl: aus Selbstmitleid Selbstflucht
Verhalten: von quälender Enttäuschung bedrückt
                unglücklich
                empfindet die Zumutungen als unerträg-
                lich
                Wunschdenken
                Problemflucht
                optimistische Illusionen

Der hoffende Märtyrer wäre der unglücklichste Mensch unter der Sonne, wenn er zur Zeit nicht im Regen stünde. Er ist schon froh, wenn er aus der Traufe in den Regen kommt. Er ist mit seiner Situation keineswegs zufrieden. Er meint auch, er halte sie nicht aus, aber er erträgt sie. Andere, die ein stärkeres Selbstvertrauen und mehr Entschlußkraft haben, staunen über seinen unfreiwilligen Langmut. Das Schicksal liegt wie ein böser Zauberbann auf dem hoffenden Märtyrer. Er kann ihm scheinbar nicht entfliehen. Das Schicksal scheint ihn ans Kreuz seiner Illusionen genagelt zu haben. Darin, in seinem fanatischen Wunschdenken, beruht der Selbstbetrug, dem der hoffende Märtyrer zum Opfer fällt. Er opfert sich für eine illusionäre Hoffnung auf und erträgt in masochistischer Selbstquälerei, was längst durch eine entschlossene Änderung hätte in Ordnung gebracht werden sollen.

Daß der hoffende Märtyrer vor dem wirklichen Problem flieht, leuchtet ihm nicht ein, weil er glaubt, er grüble ständig ebendiesem Problem nach. In Wirklichkeit flüchtet er sich in Grübeleien, weil er seine Illusionen nicht aufgeben und die Realität nicht wahrhaben will.

D4

Der erwartungsvolle Phantast (Seite 123)

im inneren Widerspruch mit seinem gewappneten Ritter
Selbstflucht und Selbstzwang

4D

Der gewappnete Ritter (Seite 128)

im inneren Widerspruch mit seinem erwartungsvollen
Phantasten
Selbstzwang und Selbstflucht

176

Die »Typologie« des 4-Farben-Menschen

Natürlich gibt es keine Typologie des 4-Farben-Menschen, denn ein normaler Mensch im inneren Gleichgewicht hat keine fixiertern Verhaltensmuster. Wenn Du aber das Glück hast, einen Menschen zu kennen, den Du auf der Farbscheibe deshalb nicht einordnen kannst, weil kein einziger von den 24 Typen für ihn charakteristisch ist, dann hast Du es mit einem 4-Farben-Menschen zu tun.

Seine Selbstgefühle sind normal, nicht über- und nicht unterbewertet.

Seine Selbstachtung macht ihn zum Edelmann.

Sein Selbstvertrauen macht ihn zum Robinson.

Seine Selbstbescheidung macht ihn zum Diogenes.

Seine innere Freiheit macht ihn zum Hans im Glück.

Der 4-Farben-Mensch vereinigt in sich diese 4 Eigenschaften. Sie verbinden sich zu den 6 wichtigsten Selbstgefühlen des 4-Farben-Menschen. Er fühlt sich:

selbständig
selbstsicher
ernsthaft
wohlgemut
unbelastet
heiter

Was bedeuten diese 6 Selbstgefühle, und wie kann man sie sich aneignen?

Wie werde ich selbständig?

Selbständigkeit setzt zweierlei voraus. Die innere Freiheit und die Selbstachtung. Selbstachtung hat derjenige, der gewillt ist, redlich zu sein. Jeder, der den festen Willen hat, nach seiner Überzeugung zu handeln, stimmt mit sich überein. Darin besteht die Selbstachtung. Wer nach seiner Überzeugung lebt, hat kein Minderwertigkeitsgefühl.

Die zweite Voraussetzung für die Selbständigkeit ist die innere Freiheit. Viele Menschen haben Angst, das zu tun, was sie gerne möchten, zum Beispiel jemandem zu sagen, daß er einem gefällt und daß man ihn gerne kennenlernen möchte. Natürlich schränken Rücksichtnahme und Verantwortung die Freiheit ein. Wer innerlich frei ist und sich achten kann, ist selbständig. Menschen, die sich frei und selbständig fühlen, sind aufrichtig. Sie sagen, was sie denken. Ihr Grundsatz heißt:»Tue recht und scheue niemand.«

Wie werde ich selbstsicher?

Außer der Selbstachtung, die eine innere Festigkeit erzeugt, muß man sich auch Selbstvertrauen erwerben, um selbstsicher zu sein. Selbstvertrauen erreicht man nur durch Übung. Wer so lange lernt und übt, bis er weiß, daß er es kann, hat Vertrauen in seine Fähigkeit: Er hat Selbstvertrauen.

Beide, Selbstvertrauen und Selbstachtung, sind zur Selbstsicherheit nötig. Selbstsichere Menschen fühlen sich stark. Darum sind sie fähig, Verantwortung zu tragen und ihre Absichten erfolgreich durchzusetzen.

Wie werde ich ernsthaft?

Ernsthaftigkeit ist vielen Menschen in ihrem heutigen Lebensstil fremd. Aber ohne den ernsthaften Willen entsteht nichts, was Bestand hat. Keine echte und tiefe Liebesbeziehung und auch kein bedeutendes Werk. Wer die Zeitung, den Fernseher, wer Freunde und Haustiere nur zur Ablenkung und Zerstreuung benützt, flieht vor der Sinnlosigkeit seines Lebens. Aber durch Betäubung kann er ihr nicht entkommen.

Die Sinnlosigkeit verschwindet, wenn man sich ernsthaft und engagiert mit einer Sache befaßt. Alles Wesentliche muß mit Ernsthaftigkeit betrieben werden. Die Liebes- und Freundschaftsbeziehungen müssen ernsthaft gemeint sein und gepflegt werden.

Ernsthaftigkeit setzt außer der Selbstachtung auch innere Ruhe und Zufriedenheit voraus. Wer ungeduldig begehrt, will nur seine frustrierten Bedürfnisse befriedigen. Eine echte, ernsthafte Liebesbeziehung oder eine dauerhafte Leistung verlangen jedoch Geduld.»Gut Ding will Weile haben«, sagt, wer etwas ernsthaft betreibt. Er hat die Geduld, es wachsen zu lassen.

Der Ernsthafte will den Sinn und Zusammenhang verstehen. Dadurch findet er die Ordnung, nach der er ein geregeltes Leben führen kann. Deshalb achtet er auch die Tradition, sofern sie echte Werte überliefert. Der Oberflächliche hingegen belächelt oder zerstört sie.

Wer sich ernsthaft bemüht, den anderen zu verstehen und ihm gerecht zu werden, hat vor ihm Respekt. Respektlosigkeit hingegen ist die selbstherrliche Pose der Oberflächlichen.

Wie fühle ich mich wohlgemut?

Damit man sich in seinem Gemüt wohl fühlt, bedarf es der Zufriedenheit und des Selbstvertrauens. Beides ist nötig. Man muß auf faule Kompromisse verzichten können, um zufrieden zu sein. Um Selbstvertrauen zu haben, muß man so lange lernen und üben, bis man weiß, daß man das kann, was man will. Selbstvertrauen bedeutet, daß man seinen Fähigkeiten vertrauen kann. Wer sich seinen Aufgaben gewachsen fühlt und dabei zufrieden ist, der fühlt sich wohlgemut. Menschen, die sich in diesem wohlgemuten Zustand befinden, sind anderen gegenüber voller Wohl-Wollen. Sie empfinden keinen Neid und kennen keine Eifersucht.

Wie fühle ich mich unbelastet?

Streß ist der Begriff für die Überbelastung, der sich heute viele Menschen aussetzen. Bei den einen ist es die Sucht, durch übermäßige Leistung mehr Erfolg und Gewinn einzuheimsen, bei anderen ist es die Wichtigtuerei und der Drang nach Geltung und Anerkennung. Bei den meisten ist es beides zusammen, was sie in den Streß treibt.

Unbelastet kann nur der sein, der aus Zufriedenheit und innerer Freiheit an einer solchen Selbstversklavung keinen Geschmack findet. Die Zufriedenheit schützt ihn vor den vielen nutzlosen Engagements in all den Gruppen und Kommissionen, die den meisten zur Selbstdarstellung dienen.

Die innere Freiheit befähigt den 4-Farben-Menschen zur Phantasie, zur Sensibilität und Intuition. Durch seine Intuition ist er dem Gestreßten überlegen. Dem Unbelasteten offenbart seine Intuition, wer der andere in Wahrheit ist. Sie zeigt ihm die richtige Lösung eines

Problems. Das intuitive Verständnis macht ihn zum Menschenkenner. Dadurch ist er tolerant. Die Toleranz erspart ihm Feindschaften und Ärger.

Wie werde ich heiter?
Heitere Menschen sind nicht ausgelassen, sondern aus tiefem Herzen fröhlich. Heiter sind sie, weil sie sich innerlich frei fühlen und Selbstvertrauen haben. Wer die Kraft seines Selbstvertrauens spürt und sich keiner Behinderung und keinem Zwang unterwirft, der ist für alles offen. Er bejaht das Leben. Er findet es interessant und bewundernswert. Den Heiteren erkennt man an seiner wohlwollenden, toleranten Aufgeschlossenheit.

Wie verhält sich der 4-Farben-Mensch?

Dazu ist nur das eine zu sagen: Sein Verhalten entspricht
den ethischen Grundnormen, die Du kennst. Hier stelle
ich sie übersichtlich dar. Im Inneren des Quadrates stehen die Selbstgefühle. Außen sind die ethischen Haltungen des 4-Farben-Mensch aufgeführt:

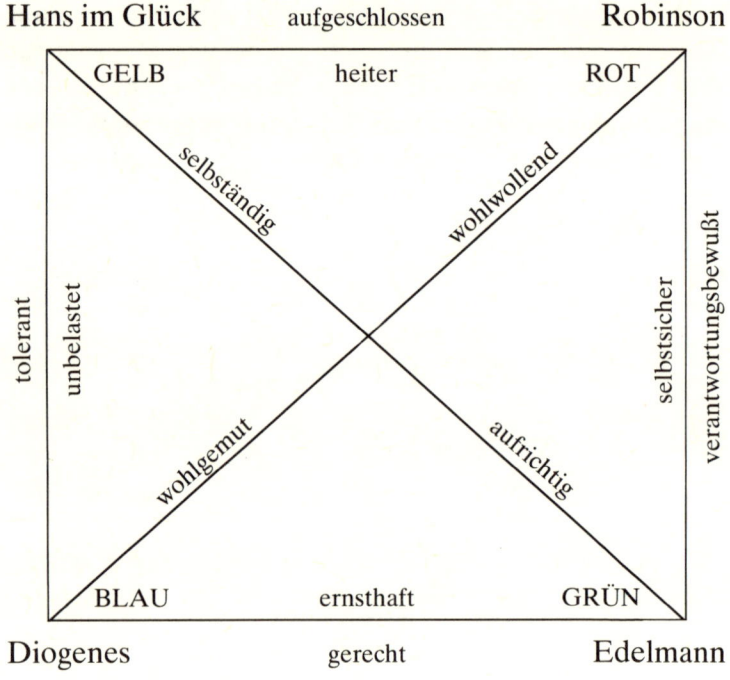

III. Teil

Die Farben

Die psychische Wirkung
der Farben

Ich habe Dir noch wenig über die Bedeutung der 4 Grundfarben erzählt. Wenn Du Zeit und Spaß hast, über die Farben als Muttersprache des Unbewußten mehr zu erfahren, besonders aber wenn Du Dich selbst oder Deine lieben Mitmenschen mit dem »Lüscher-Farbtest« erkennen und besser verstehen möchtest, dann wird es Dir nützlich sein, die Bedeutung der Farben umfassend und genau zu kennen.

Wie Du schon weißt, kann man aus den Farben Gelb, Rot, Blau und Grün einen ganzen, harmonisch verlaufenden Farbenkreis bilden. Der Kreis ist Sinnbild der Ganzheit und der Harmonie.

Genau das, Ganzheit und Harmonie, sind die zwei Ideale, die für den 4-Farben-Menschen wegleitend sind. Er erstrebt die Ganzheit dadurch, daß er sich in jedem Erlebnisbereich der 4 Grundfarben verwirklicht, und dadurch, daß er diese Bereiche in ein harmonisch ausgewogenes Verhältnis zueinander bringt.

Wie schon gesagt, vermittelt Dir der Anblick jeder Farbe ein bestimmtes Gefühl. Du empfindest, daß Orangerot in Dir ein ganz andersartiges Gefühl auslöst als Dunkelblau. Du erlebst bei Tannengrün wiederum etwas völlig anderes als bei Hellgelb.

Als ich noch zur Schule ging, »wußte« man zwar, daß bei verschiedenen Farben verschiedene Empfindungen entstehen, aber die »Wissenschaft« war damals der Meinung, jeder empfinde eine bestimmte Farbe, wie z. B. Orangerot, andersartig. Diese »experimentell erwiesene« Behauptung hat mich ganz konfus gemacht. Ich müßte ja in einem unverständlichen Chaos leben, wenn ich Orangerot erregend, stimulierend, lebhaft, aktivierend erlebte und auf einen anderen dieselbe Farbe wie ein Schlafmittel wirken würde.

Könnte ich denn einen anderen Menschen überhaupt verstehen, wenn er genau dasselbe Orangerot, dieselbe Helligkeit oder Dunkelheit sähe, wenn er demselben Objekt, demselben Ton, derselben Bewegung, derselben Wärme begegnete, sie aber dennoch als etwas anderes wahrnehmen und empfinden würde?

Nun, jene »Wissenschaft« war ein Irrtum. Heute wissen wir durch Hunderttausende von Farbtestuntersuchungen in den USA, in Europa, Rußland, in Afrika, in Japan, Indien und Australien, daß jede bestimmte Farbe bei jedem Menschen, in jeder Kultur nicht nur denselben Wahrnehmungsreiz, sondern auch genau denselben Empfindungsreiz bewirkt. Orangerot wirkt auf jeden anregend und Dunkelblau auf jeden beruhigend. Darin liegt die objektive Allgemeingültigkeit der Farbpsychologie.

Individuell verschieden ist jedoch die persönliche Sympathie, die Gleichgültigkeit oder Antipathie, die ein Mensch gegenüber einer Farbe, z. B. gegenüber dem anregenden Orangerot oder dem beruhigenden Dunkelblau, hat. Wer Reize und Stimulation wünscht, findet Orangerot sympathisch. Wer überreizt und erschöpft ist, erträgt Orangerot nicht. Er findet es aufreizend und aggressiv. Er lehnt es ab. Jede Farbe hat also eine bestimmte, objektive, allgemeingültige Empfindungsqualität. Aber – und darin liegt ihr Geheimnis – die Farbempfindung kann man auf keine Waage legen, mit keinem Maßstab messen, unter keinem Mikroskop beobachten, mit keiner Pinzette anfassen. Zwar lösen starke Empfindungen Körperreaktionen aus. Diese Körperreaktionen können gemessen werden; was aber nicht gemessen werden kann, sind die Empfindungen selbst.

Ähnlich wie Musik Empfindungen bewirkt und Stimmungen wiedergibt und die allerfeinsten Empfindungen auszudrücken vermag, vermitteln auch die Farben durch ihren Farbton, ihren Helligkeitsgrad und den Sättigungsgrad bei jedem Menschen dieselben ganz bestimmten Empfindungen.

Ob ihm diese Empfindung (z. B. bei Orange der erregende Reiz) sympathisch oder unangenehm ist, hängt von der gegenwärtigen persönlichen Gefühlslage, also vom Selbstgefühl des Betreffenden ab. Diese persönliche Einstellung zur Farbe ist zwar beim Farbtest zur Beurteilung der individuellen Persönlichkeit wichtig. Uns aber interessieren jetzt nur die objektiven, allgemeingültigen Empfindungen der 4 Grundfarben.

Die hellen Farben, also Gelb und Orangerot, wirken diszentrisch; hinausstrebend, also variabel. Die dunklen Farben, Dunkelblau und Tannengrün, wirken konzentrisch, also konstant. Darum sagt man, helle Farben seien aktiv oder warm und dunkle Farben seien passiv oder kalt.

Ich vermeide diese Begriffe. Warm und kalt sind Vergleiche mit Tastempfindungen. Weder beschreiben sie die optische Farbwirkung, noch machen sie eine eindeutige psychologische Aussage. Auch die Begriffe »aktiv – passiv« geben keine eindeutige Bestimmung. Unter »Passivität« kann sowohl Entspanntheit als auch Starrheit verstanden werden.

Gelb, die hellste Farbe, scheint sich in der Helligkeit aufzulösen. Sie ist ziellos, unbestimmt, also heteronom-rezeptiv. Das dunkle Blau jedoch scheint sich in der Finsternis aufzulösen. Es ist dadurch ebenfalls unbestimmt, also heteronom-rezeptiv. Rot und Tannengrün hingegen stehen mit ihrer mittleren Helligkeit in der Mitte. Sie stehen fest, sind also selbstbestimmt: autonom-direktiv.

Diese dürren, abstrakten Definitionen der Farben sollte ich vielleicht besser mit dem Leben und den Erlebnissen füllen, die Du nachvollziehen kannst. Ich will Dir zuerst das Gegensatzpaar Rot und Blau, danach Grün und Gelb nahebringen.

Die Bedeutung von Rot

Du kennst sicher den Kinderreim:

»Rot ist die Liebe,
rot ist das Blut,
rot ist der Teufel
in seiner Wut.«

Liebe und Wut scheinen unvereinbare Gegensätze zu sein. Dennoch haben sie eines gemeinsam: Beide sind Gefühle starker Erregung. Die Liebe ist eine sympathische, die Wut eine unsympathische Erregung. »Er sieht rot«, sagt man, wenn einer gereizt und wütend ist. In das Chaos der vulgären »Farbpsychologie« kommt rasch Ordnung, wenn wir grundsätzlich unterscheiden, daß jedes Gefühl, ob Erregung (Rot) oder Ruhe (Blau), stets unter zwei Gesichtspunkten betrachtet werden kann, nämlich unter dem der »Lust« und Sympathie oder dem der »Unlust« und Abneigung.

Rot als Lust ist Liebe, Appetit, Stärke.
Rot als Unlust ist Ärger, Ekel, Überreizung, Schwäche.
Blau als Lust ist Ruhe, Befriedigung, Harmonie.
Blau als Unlust ist lähmende Ruhe, tödliche Langeweile, daher Unzufriedenheit, Agitiertheit, Unruhe.

Farben bewirken bestimmte Empfindungen. Da der Farbreiz vom Auge über das vegetative Nervensystem ins Zwischenhirn geleitet wird, entstehen diese Empfindungen anscheinend im Zwischenhirn. Hier werden das Nervensystem und die Hypophyse gesteuert. Sie bewirken ihrerseits das Zusammenspiel der Organe. Kein

Wunder also, daß Tiere mit denselben Körpervorgängen auf Farben reagieren.

Ein algerischer Forscher, Benoît, hat Erpeln (männliche Enten) die Augen mit einer schwarzen Binde verdeckt. Ihre sexuelle Tätigkeit erlahmte. Dann hat er Erpel während 120 Stunden unter orangerotes Licht gesetzt. Die Größe der Hoden hat sich nahezu verdoppelt. Die sexuelle Aktivität steigerte sich.

Weil Farben, unabhängig vom Bewußtsein, direkt auf das vegetative Nervensystem wirken, ist der Farbtest für den Arzt ein einfaches Hilfsmittel, um festzustellen, in welcher seelisch-körperlichen Verfassung sich sein Patient befindet. Er braucht ihm nur den Farbtest vorzulegen und zu fragen: »Welche Farbe gefällt Ihnen, und welche Farbe finden Sie unsympathisch?«

Die Wirkung einer bestimmten Farbe auf das vegetative Nervensystem ist bei allen Menschen dieselbe. Auf alle wirkt Rot in einer bestimmten Weise und Dunkelblau in einer anderen bestimmten Weise. Wenn Du die eine Farbe einige Zeit betrachtest, werden Deine Atmung und Dein Puls schneller, der Blutdruck steigt an. Bei der anderen Farbe werden diese drei vegetativen Körperreaktionen gedämpft. Überlege Dir, was bei Rot geschieht und was bei Dunkelblau eintritt.

Als amerikanische Studenten als Versuchspersonen einige Minuten das Orangerot des Lüscher-Tests betrachteten, haben sich ihre vegetativen Körperfunktionen gesteigert. Als den Studenten das dunkle Blau des Lüscher-Tests gezeigt wurde, reagierte ihr Nervensystem umgekehrt. Es trat eine Beruhigung ein. Der Puls wurde ruhiger, der Blutdruck sank, und die Atmung verlangsamte sich ebenfalls.

Was bei diesen Studenten eintrat, geschieht bei allen Menschen auf der ganzen Welt. Die »Sprache« der Farben ist international. Sie ist an keine Rasse und an keine Kultur gebunden.

Seit mehr als zwei Jahrzehnten bestätigen die Untersuchungen von W. Eggert, Berlin (Diagnostik funktioneller Syndrome mit dem Lüscher-Farbtest. Materia Medica, Nordmark 1965, Nr. 54), daß Menschen, die durch ihre innere Streßhaltung für einen Herzinfarkt gefährdet sind, im Farbtest die beiden Farben Rot und Grün bevorzugen (Rot: Aktivität; Blaugrün: Willensspannung). Danach folgen die Farben, die den akuten vegetativen Zustand wiedergeben. Beim Infarktgefährdeten sind es Grau und Braun, die beiden Farben der Erschöpfung. Schlimmer noch ist die Gefährdung bei gleichzeitiger Ablehnung von Dunkelblau, der Ruhe: »Ich kann mir keine Ruhe leisten.«

Rot ist auch die erotisierende Tangobeleuchtung, und rote Laternen weisen den Weg dorthin, wo sexuelle Erregung verkauft wird.

Unter den wenigen Malern, die in Worte zu fassen vermochten, was die Farbe ausdrückt, hat Kandinsky (»Über das Geistige in der Kunst«) Rot treffend beschrieben. Von Rot sagt er, es wirke »innerlich als eine sehr lebendige, lebhafte, unruhige Farbe, die aber nicht den leichtsinnigen Charakter des sich nach allen Seiten verbrauchenden Gelbs besitzt«.

Der Maler Arnold Böcklin hat wochenlang versucht, ein leidenschaftlich glühendes Orangerot herzustellen, um daraus das Tuch zu malen, auf dem die sinnbetörende Kalypso sitzt.

Franz Marc hat beim bekannten Bild »Die drei roten Pferde« die Pferde deshalb rot gemalt, weil sie ein impulsives, rasch erregbares Temperament besitzen. Für das eigentlich braune Fell hat er Rot verwendet, weil er den psychischen Ausdruck darstellen wollte. In afrikanischen Liebesbriefen, die aus einer Kette von farbigen Perlen bestehen, bedeuten die roten Kügelchen:»Ich liebe dich leidenschaftlich. Ich habe ein starkes Verlangen nach dir.«

Rot ist erregend; daher wirkt es auf den Betrachter imponierend. Darum ist der Mantel der Könige und der Kardinäle, wie seinerzeit der Saum der Senatoren-Toga, rot.

Rimbaud, der ein Gedicht den Farbbedeutungen gewidmet hat, meinte, eine Frau, die sich in Rot kleide, sei leicht zu verführen.

In der religiösen Symbolik wird die Farbe sinngemäß angewendet. Die Flamme, die auf den Häuptern der durch den Pfingstgeist Erleuchteten brennt, ist rot.

Wenn Ernst Jünger in »Lob der Vokale« feststellt: »So ist Rot die Farbe der Herrschaft und des Aufruhrs«, so erkennt er darin die erregende Wirkung dieser Farbe.

Rot ist auch die Fahne der russischen Revolution. Ja, Rot ist in seinem Wesen Revolution: Umwälzung, Kraft in Bewegung.

Rot ist energievolle Durchdringung und Umgestaltung, sobald es als Zinnoberrot gelblich getönt ist. Wer selbst kraftvoll, vital, energisch ist und somit ein dem Rot entsprechendes Selbstgefühl besitzt, der fühlt sich stark.

Wer aber selber schwach ist und einem Starken begegnet, empfindet diesen als bedrohlich. Darum werden Dinge, die auf drohende Gefahren hinweisen, rot angemalt. Das rote Stopplicht zwingt den Autofahrer anzuhalten, um die drohende Gefahr eines Zusammenstoßes zu vermeiden. Die Feuerlöschgeräte und die Feuerwehrautos sind rot, weil sie höchsten Alarm ausdrücken sollen. Die Erregung des Rots steigert sich hier zur Aufregung.

192

Rot als Erregung, Stimulation, als Aktivität, als Erlebnisfreude und Gestaltungswille ist die Symbolfarbe eines Menschen, der seine Kraft und Fähigkeit anzuwenden weiß. Rot ist die Farbe der Stärke und des Selbstvertrauens.

Die Bedeutung von Blau

»Über allen Gipfeln
Ist Ruh,
In allen Wipfeln
Spürest du
Kaum einen Hauch;
Die Vögelein schweigen im Walde.
Warte nur, balde
Ruhest du auch.«

Der berühmte Dichter dieses berühmten Gedichtes, das die Stimmung von Blau so treffend wiedergibt, Johann Wolfgang Goethe, sah seine Größe weniger in der Dichtkunst als in seiner wissenschaftlichen Farbenlehre. Auf diesem Gebiet hat er bis heute wenig Anhänger gefunden. Hingegen sind ihm bei manchen Farben Formulierungen gelungen, die zu den besten Beschreibungen der vorwissenschaftlichen Farbpsychologie gehören.

Goethe sagt im Paragraph 781 seiner Farbenlehre: »Wie wir einen Gegenstand, der vor uns flieht, gerne verfolgen, so sehen wir das Blau gern an, nicht weil es auf uns dringt, sondern weil es uns nach sich zieht.«

Mit seiner außergewöhnlichen Sprachgewandtheit bezeichnet er Blau als »reizendes Nichts«.

Wiederum ist Kandinsky besonders ergiebig: »Die Neigung des Blaus zur Vertiefung ist so groß, daß es gerade in tieferen Tönen intensiver wird und charakteristischer, innerlich wirkt. Je tiefer das Blau wird, desto mehr ruft es den Menschen in das Unendliche, weckt in ihm die Sehnsucht nach Reinem und schließlich Übersinnlichem. Blau ist die typisch himmlische Farbe. Sehr tiefgehend entwickelt das Blau das Element der Ruhe.«

K. Köstlin, ein wenig bekannter Autor des letzten Jahrhunderts, schreibt in seiner »Ästhetik« (Tübingen 1869) über Blau:»Das Blau ist ein äußerst zahmer und kühlender Kontrast gegen alles Beunruhigende, Grelle, Schwüle und Angreifende, ein Bild des Friedlich-Sanften und Erquickend-Frischen; es ist Zartheit selber im sprechendsten Gegensatz gegen alles materiell Massige und Schwere.« Kandinsky deutet Blau als konzentrische Bewegung.

Setz Dich einmal vor eine dunkelblaue Farbe, und erlebe, was für eine Stimmung sie in Dir erzeugt!

Du wirst eine reglose Ruhe, eine entspannte Zufriedenheit, das unendliche Gefühl der Harmonie und Befriedung über Dich kommen spüren.

Wenn Deine Wünsche rundherum befriedigt sind, wenn Dir in jeder Hinsicht genügt, was Du hast, dann erlebst Du das vollendete »Ver-genügen«, die zufriedene Heiterkeit, die aus der Selbstbescheidung wächst.

Die Selbstzufriedenheit ist die Lebensphilosophie, die Diogenes lebte.

So wird auch verständlich, warum Diogenes zu Alexander dem Großen gesagt haben soll:»Wenn ich nicht Diogenes wäre, wollte ich Alexander sein.« Wenn Diogenes nicht die Zufriedenheit in der Selbstbescheidung (Blau) gefunden hätte, dann müßte er wie Alexander im hektischen Eroberungsrausch (Rot) stets nach Selbstbestätigung, nach Stärke und imponierender Größe (Rot) streben. Im Blau hingegen, das die Selbstbescheidung, die Befriedigung und Zufriedenheit ausdrückt, fühlst Du Dich in einem spannungslos-harmonischen Zustand. Du fühlst Dich eingefügt, verbunden und geborgen. Darum entspricht Blau der Bindung rund um Dich herum: der Verbundenheit. Auch der Volksmund weiß: »Blau ist die Treue.«

Im Zustand der empfindsamen Verbundenheit bist Du für Unterschiede besonders feinfühlig. Daher entspricht Blau allen Arten von Empfindsamkeit.

Blau als entspannte Empfindsamkeit ist die Voraussetzung für die Einfühlung, für ästhetisches Erleben und besinnliches Nachdenken.

Schelling benutzt in seiner »Philosophie der Kunst« lauter Blau-Symbole, wenn er sagt: »Die Stille ist der der Schönheit eigentümliche Zustand, wie die Ruhe dem ungestörten Meere.« Blau entspricht symbolisch dem Weiblichen, der horizontalen Richtung, der linken Seite, dem phlegmatischen Temperament, der Girlande in der Handschrift.

Die deutsche Sprache besitzt für die Stimmung, die durch Dunkelblau ausgelöst wird, den in andere Sprachen kaum übersetzbaren Begriff »Gemüt«. Das Blau ist das Ideal der Einheit und Harmonie. Es ist die urmütterliche Verbundenheit, die Treue und das Vertrauen, die Liebe und Hingabe (daher der blaue Mantel der Gottesmutter Maria). Blau ist Symbolfarbe für die zeitlose Ewigkeit und für die Harmonie im geschichtlichen Zeitvollzug: für Tradition. Novalis hat in seinem Roman »Heinrich von Ofterdingen« die romantische Lebenshaltung im Symbol der blauen Blume ausgedrückt:

»Eine Art von süßem Schlummer befiel ihn, in welchem er unbeschreibliche Begebenheiten träumte. Er fand sich auf einem weichen Rasen am Rande einer Quelle. Dunkelblaue Felsen mit bunten Adern erhoben sich in einiger Entfernung. Das Tageslicht, das ihn umgab, war heller und milder als das gewöhnliche. Der Himmel war schwarzblau und völlig rein. Was ihn mit voller Macht anzog, war eine hohe, lichtblaue Blume, die zunächst an der Quelle stand und ihn mit ihren breiten, glänzenden Blättern berührte. Er sah nichts als die blaue Blume und betrachtete sie lange mit unnennbarer Zärtlichkeit.«

Der deutsche Psychiater F. Stöffler untersuchte »Hölderlins Äther und die Seelenharmonie« (Ärztliche Praxis, Nr. 6, 1976):

»Es läßt sich dabei ohne Mühe feststellen, daß Hölderlin, insbesondere in seinem Hyperionroman, dem Äther immer wieder das Adjektiv blau beiordnet, daß er also die Himmelsbläue mit dem Begriff des Äthers verknüpft. Die wiederholte Zitierung des blauen Farbtons ermuntert uns, die moderne Farbpsychologie zu Rate zu ziehen. Der Farbpsychologe Max Lüscher bezeichnet nun Blau ausdrücklich als Farbe der Harmonie, der Identifikation. Die Erwähnung des Begriffes der Harmonie läßt uns aufhorchen, wenn wir bedenken, daß sich durch das gesamte Werk Hölderlins, geradezu als Leitmotiv, das Streben nach Herstellung von Harmonie zwischen dem Ich und der Welt zieht. Es fällt auf, daß der blaue Äther von Hölderlin gerade bei denjenigen Erlebnissen genannt und angerufen wird, bei denen sich der Mensch mit seiner Umgebung in harmonischer Weise identifiziert. Im Hyperionroman wird der junge Held so in intensivem Erleben der Natur eins mit der Welt: ›Verloren ins weite Blau, blick ich oft hinauf an den Äther und hinein ins heilige Meer, und mir ist, als öffnet ein verwandter Geist mir die Arme, als löste der Schmerz der Einsamkeit sich auf ins Leben der Gottheit. Eines zu sein mit allem, das ist Leben der Gottheit, das ist der Himmel der Menschen. Eines zu sein mit allem, was lebt, in seliger Selbstvergessenheit wiederzukehren, ins All der Natur, das ist der Gipfel der Gedanken und Freuden, das ist die heilige Bergeshöhe, der Ort der ewigen Ruhe.‹«

Die Bedeutung von Grün

Wenn ich Dich frage:»Was bedeutet Grün?«, fällt Dir vielleicht sogleich die Redensart ein:»Grün ist die Hoffnung.« Grün kann tatsächlich auch Hoffnung bedeuten, aber nur in dem besonderen Farbton, den die jungen Blätter und Knospen im Frühling haben. Nur Gelbgrün als erwartungsvolles Sich-Aufschließen entspricht der Hoffnung.

Zum Gelbgrün steht Blaugrün in einem völligen Gegensatz. Und gegenüber Blaugrün bewirkt wiederum Braungrün gegensätzliche Empfindungen und Gefühle.

Wenn ich von Grün als Symbolfarbe spreche, meine ich ausdrücklich und ausschließlich Tannengrün, das eher dunkel und eher etwas bläulich aussieht.

Die hervortretende, reizstarke Bewegung des Gelbs und die entgegengesetzte, beruhigende, zurücktretende Bewegung des Blaus werden im Grün aufgehoben und sind in ihm konserviert. Deshalb ist Grün statisch. Grün besitzt keine nach außen wirkende kinetische Energie, sondern nur in sich gestaute, potentielle Energie. Diese gestaute Energie ruht aber nicht im eigentlichen Sinn, sondern sie vollzieht sich in sich selbst als inneres Spannungsgefüge und ist nach außen statisch.

Zwar schreibt Kandinsky:»Passivität ist die charaktervollste Eigenschaft des absoluten Grüns«, doch verwechselt er hier offensichtlich, wie auch manche andere, statisch mit passiv.

Je mehr verdunkelndes Blau dem Grün zugefügt wird, desto fester,»kälter«, gespannter, härter und widerstandskräftiger ist die psychologische Wirkung der Farbe.

Ähnlich wie die Moleküle in einem festen Körper ein Spannungsgefüge bilden, das man von außen nicht sieht, so bilden auch in jedem Menschen die selbstbezogenen, die autonom-konzentrischen Gefühle ein Spannungsgefüge. Es ist die Einstellung des Menschen zu sich selbst, die er als »Ich« im engeren Sinn erlebt.

Tannengrün bewirkt genau den Gefühlszustand, den wir als konzentrisch und als selbstbestimmende (autonome) Einstellung definiert haben. Jeden Morgen, wenn ich aufwache, stelle ich fest, daß ich es bin, mit all meinen Erinnerungen und Absichten, der sich jetzt wieder seiner selbst bewußt wird.

Nun aber legen wir das logische Seziermesser wieder beiseite und sagen einfach: Tannengrün entspricht der Stabilität, der Festigkeit, der Konstanz, der Beharrung, der Willensspannkraft und in bezug auf das Selbstgefühl dem Selbstwertgefühl. Tannengrün entspricht dem echten, stabilen Selbstwertgefühl, der Selbstachtung eines Menschen, der allen inneren oder äußeren Anfechtungen trotzt und zu seiner Überzeugung steht.

Das unbeugsame feste Tannengrün entspricht dem Leitsatz des Edelmannes: »Noblesse oblige«. Um diese Grün-Haltung geht es Goethe in seinem Gedicht »Gleichnis«:

»Feiger Gedanken
Bängliches Schwanken,
Weibisches Zagen,
Ängstliches Klagen
Wendet kein Elend,
Macht dich nicht frei.

Allen Gewalten
Zum Trutz sich erhalten;
Nimmer sich beugen,
Kräftig sich zeigen.«

Die Bedeutung von Gelb

Die vierte Grundfarbe ist Gelb. Sie ist die hellste bunte Farbe. Sie steht dem hellen, weißen Licht am nächsten. In der Natur erscheint die Sonne selten in gelber Farbe. Wir sehen sie als blendendes Licht am Himmel oder als leuchtendes Orange am Horizont. Dennoch verbindet sich die Vorstellung von Gelb unwillkürlich mit der Sonne, wie ja auch Kinder die Sonne gelb malen. Alles, was die Sonne bescheint, wird hell beleuchtet und erhält durch den Lichtreflex einen gelblichen Schimmer. Die Farbe Gelb erscheint ähnlich wie die Sonne: hell und leuchtend. Gelb wirkt leicht, strahlend, anregend und daher wärmend.

Nach Weiß ist Gelb diejenige Farbe, die das auftreffende Licht am stärksten reflektiert. Es wirkt so, als ob das Licht nur über die helle Oberfläche gleite.

Die Oberflächenhaftigkeit ist für Gelb in vieler Hinsicht charakteristisch. Die Helligkeit des Gelbs und die geschliffene, brillierende Oberfläche ergänzen sich in der Pracht des glänzenden Goldes. Gelb als Farbe der Oberfläche scheint kein Geheimnis zu bergen, und weder Goethe noch Kandinsky offenbaren uns viel mehr vom Wesen des Gelbs, als was wir unmittelbar empfinden.

Goethe: »Es ist die nächste Farbe am Licht. Sie führt in ihrer höchsten Reinheit immer die Natur des Hellen mit sich und besitzt eine heitere, muntere, sanft reizende Eigenschaft. – So ist es der Erfahrung gemäß, daß das Gelbe einen durchaus warmen und behaglichen Eindruck mache. – Diesen erwärmenden Effekt kann man am lebhaftesten bemerken, wenn man durch ein gelbes Glas, besonders an grauen Wintertagen, eine Landschaft ansieht. Das Auge wird erfreut, das Herz ausgedehnt, das Gemüt erheitert, eine unmittelbare Wärme scheint uns anzuwehen.«Ebenso weist Kandinsky darauf hin,»daß das Gelb dermaßen zum Hellen (Weiß) neigt, daß es überhaupt kein sehr dunkles Gelb geben kann. Betrachtet man einen mit Gelb gefüllten Kreis, so bemerkt man, daß das Gelb ausstrahlt, eine Bewegung aus dem Zentrum bekommt und sich beinahe sichtbar dem Menschen nähert.«Er erlebt»die erste Bewegung von Gelb, das Streben zum Menschen, welches bis zur Aufdringlichkeit erhoben werden kann (bei Verstärkung der Intensität des Gelbs), und auch die zweite Bewegung des Gelbs, das Springen über die Grenze, das Zerstreuen der Kräfte in die Umgebung . . . und ziellos nach allen Seiten ausströmt«.

Grün ist die konzentrische Spannung und Beharrung; Gelb dagegen ist diszentrische Lösung und Veränderung. Wenn wir Grün mit der gestauten, statischen, potentiellen Energie vergleichen, so entspräche Gelb der dynamischen, kinetischen Energie.

Gelb ist eine Grundfarbe. Sie entspricht dem Grundbedürfnis, sich frei zu entfalten. Gelb wird von Menschen bevorzugt, die veränderte, befreiende Verhältnisse suchen, die sich, vom Fernweh getrieben, auf weite Reisen begeben. Auch Flugbegeisterte, die sich gern vom Boden der Realität loslösen, bevorzugen oft die Farbe Gelb.

Gelb als Lösung, als Veränderung, als Befreiung, als räumliche Weite steht im Gegensatz zum Grün, das Spannung, Beharrung, Festigung und räumliche Enge ausdrückt.

Weil Gelb das Gefühl der Weite, der Veränderung und Entfaltung, der Befreiung und Erleichterung vermittelt, gilt es auch als Farbe der Erleuchtung und Erlösung.

Sinngemäß ist die Aureole des Erlösers Christus gelb.
Auch die buddhistischen Mönche tragen Orangegelb.
Welche Farbe auch immer das Wams des Hans im Glück
haben mag, er ist der heiter unbekümmerte Gelb-Typ.
So auch »Der Musensohn« von Goethe:

>»Durch Feld und Wald zu schweifen
Mein Liedchen wegzupfeifen,
So geht's von Ort zu Ort!
Und nach dem Takte reget,
Und nach dem Maß beweget
sich alles an mir fort.«

IV. Teil

Die Psychologie und Philosophie des 4-Farben-Menschen

Die Funktionspsychologie

Es freut mich, daß Dein Interesse noch nicht erlahmt ist und Du mit mir in die geistigen Hintergründe des 4-Farben-Menschen steigen willst. Womit Du umzugehen gelernt hast, ist nämlich die Funktionspsychologie. Auf ihr ist der Farbtest aufgebaut, der seit Jahrzehnten in allen Teilen der Welt in Hunderttausenden von Exemplaren in der klinischen Medizin, in der Psychiatrie, Psychologie, Kriminologie, Ethnologie, Personalauslese und Pädagogik in über 21 Sprachen angewandt wird.

Die Funktionspsychologie ist ein einfaches System, das jeder leicht verstehen und anwenden kann. Darum möchte ich es Dir auch theoretisch erklären. Vor allem will ich die 4-heit, die Dir als 4-Farben-Mensch bereits bekannt ist, begründen.

Du bist ein Warum-Frager, sonst hättest Du den 4-Farben-Menschen schon lange zu den Büchern gelegt, die Du später einmal lesen willst, wenn Du Zeit hast. Also, warum die 4-heit? Warum überhaupt denken wir so, wie wir denken müssen? Fangen wir am Anfang an:

Die Raum-Position
Der psychische Raum ist nicht dreidimensional (»innen, außen« usw.). Wir erleben ihn als emotionale »Gestalt« (z. B. einer Melodie), als Dis-Position, als Anordnung von unterschiedlichen emotionalen Positionen.

Denk an irgend etwas. Es darf etwas Angenehmes sein. Also, wenn Dir nichts Besseres einfällt, dann denk an Dich.

Ob Du willst oder nicht, Du nimmst eine Position ein. Du denkst an Deine berufliche, politische, konfessionelle Position oder an Deine Stellung in der Familie, im Verein, in der Öffentlichkeit oder im Bett. Jedenfalls nimmst Du immer eine Position ein. Und wenn Du Dich davor drückst, wo steckst Du dann? In der Position eines Drückebergers. Also, die Bestimmung der Position (Stellung, Einstellung, Lage, Anordnung, Ordnung) ist die erste notwendige Unterscheidung, die wir immer machen, wenn wir irgend etwas beurteilen, z. B. hier, nicht dort; gestern, nicht heute; viel mehr, nicht nur so wenig; viel teurer, nicht so billig; besser als, schöner als usw.

Das Entweder-Oder fing mit Adam an. Als er sich nämlich die Eva zum Weibe nahm, da brachte sie als anatomische Mitgift den Unterschied männlich und weiblich in die Ehe. Das fanden sie so reizvoll, daß sie es zuerst auf alles Mögliche, bald aber auch auf alles Unmögliche anwendeten. Und dabei ist es bis heute geblieben. Die anatomischen Begriffe wurden bald psychologische oder soziologische Miß-Griffe, um besonders das weibliche Geschlecht zu glorifizieren oder zu disqualifizieren.

C. G. Jung hat viel später diese Irreführung lateinisch unterstützt. Er lehrte, daß es einen Animus und eine Anima gäbe, doch wurde der Begriff »Animus« für ein »männlich« autoritäres Verhalten und »Anima« für eine »weiblich« rezeptive Haltung nicht populär.

Der Amerikaner Eric Berne hat ein anschaulicheres Bild gewählt. Die »männlich« autoritäre, bestimmende Haltung bezeichnet er als »Eltern-Ich«. Die als »weiblich« etikettierte, empfangende oder beeinflußbare Haltung nennt Berne das»Kindheits-Ich«.

Man kann mit Goethe klagen:»Zwei Seelen wohnen, ach, in meiner Brust«, oder man kann wie die alten Chinesen die Welt in Yin und Yang aufteilen, oder man kann von X und Y reden. Welches Wortpaar auch immer gebraucht wird, wichtig ist, daß auch allgemein beliebte Begriffe wie»männlich – weiblich« stets nur als Symbole für zwei gegensätzliche Positionen verstanden werden. Da solche bildhaften Begriffe einen verleiten, sie als Wirklichkeit allzu wörtlich zu nehmen, sage ich dasselbe lieber auf griechisch. Ich unterscheide die beiden Positionen oder Einstellungen: autonom (selbstbestimmend, anordnend) und heteronom (fremdbestimmt, annehmend).

Diese griechischen Begriffe haben den Vorteil, daß sie beschreiben, was gemeint ist, und vor allem: Sie disqualifizieren das weibliche Geschlecht nicht (z. B. weiblich für schwach, unterlegen, unbestimmt, weich usw.).

Wir unterscheiden also zwei Positionsarten:

autonom:	Das Subjekt bestimmt, beeinflußt das
(direktiv)	Objekt oder den Partner (z. B. autoritär oder überlegen).
heteronom:	Das Subjekt läßt sich vom Objekt
(rezeptiv)	oder vom Partner bestimmen, beeinflussen (z. B. unterlegen, gutgläubig oder bewundernd, begeistert).
Somit bedeutet	
autonom:	direktiv anordnend
heteronom:	rezeptiv annehmend

Als aber der männliche Adam sich gutgläubig den Apfel aufschwatzen ließ, statt eine warme Mahlzeit zu verlangen, da verhielt er sich »weiblich« heteronom; er ließ sich beeinflussen, und das war sehr »unmännlich«. In Wahrheit verhält sich schon seit Adam und Eva jeder Mensch – ob Mann oder Frau – bald autonom, bald heteronom, je nach Situation und Geschmack.

Menschen kannst Du nach verschiedenen Gesichtspunkten unterscheiden: ob sie Müller oder Meier heißen, ob sie dick oder dünn sind, ob Du sie magst oder nicht magst.

Wenn es Dir aber ums Wesentliche geht, weil Du mit jemandem zusammenleben oder -arbeiten sollst, dann ist es zweckmäßiger, zu unterscheiden, ob er eine autonome, beeinflussende Position einzunehmen pflegt, ob er tonangebend, initiativ, selbständig oder gar autoritär und eigenwillig ist oder ob er eher heteronom sich anpaßt, sich bestimmen und beeinflussen läßt. Heteronome Menschen sind stark begeisterungsfähig, sehr empfindsam und starken Gefühlseinflüssen unterworfen: »himmelhoch jauchzend, zu Tode betrübt«. Sie sind meistens aufgeschlossen und mitfühlend, daher auch oft künstlerisch-ästhetischen Eindrücken zugetan.

Aus dem Farbtest will ich Dir die heteronome Haltung zitieren, die durch Hunderttausende von Tests verifiziert worden ist (wenn Blau und Gelb bevorzugt werden): »Erstrebt eine beglückende, Befriedigung bietende Liebesbindung. Ist zu starker gefühlvoller Begeisterung fähig. Ist hilfsbereit und paßt sich nachgiebig an, um die erstrebte liebevolle Gemeinschaft zu verwirklichen. Benötigt auch selbst ein verständnisvolles Entgegenkommen.«

Aus dem Farbtest will ich Dir zugleich auch die entgegengesetzte, autonome Position zitieren (wenn Grün und Rot bevorzugt werden): »Will sich durchsetzen und die Hindernisse und Widerstände bewältigen. Will selbst entscheiden und verfolgt die Absicht mit Initiative und Konsequenz. Will nicht vom Wohlwollen anderer abhängig sein.«

Die Zeit
(Die konstante und die wechselnde Beziehung)

Die zweite notwendige Unterscheidung ist die Zeit. Du kannst Dich z. B. die ganze Zeit etwas ganz Bestimmtem und immer diesem Gleichen zuwenden. Du kannst all Deine Interessen wie auf einer Zielscheibe auf einen bestimmten Punkt konzentrieren. Du kannst z. B. vorwiegend an Dich selbst denken, an Deine Innenwelt oder aber an einen bestimmten Partner oder an ein bestimmtes, gleichbleibendes Ziel in der Außenwelt. Diesen Zeitverlauf auf ein bestimmtes, gleichbleibendes Ziel bezeichne ich als konstant. So ist das Ich in höchstem Maße konstant. Du weißt z. B. von Dir jeden Morgen, daß Du immer der gleiche bist, der aufwacht.

Gezeichnet sieht das so aus: $\longrightarrow \bullet \longleftarrow$ konstant

Wenn die Zielrichtung aber von Dir oder von einem Punkt nach vielen Seiten führt und auf wechselnde Objekte gerichtet ist, dann bezeichnen wir sie als variabel. Eine Zeit, während der Beziehungen, Objekte und Situationen ständig wechseln, heißt variabel.

Gezeichnet sieht das so aus: $\longleftarrow \bullet \longrightarrow$ variabel

Wie sich das wechselnde variable Verhalten äußert, will ich Dir wiederum mit Hilfe des Farbtests (Rot und Gelb) nahebringen:

»Erlebnis- und Erfolgsstreben. Will sich frei entfalten, ohne durch Selbstzweifel gehemmt zu sein. Will erobern und mit Intensität erleben. Ist kontaktfreudig und begeisterungsfähig. Ist für das Neue und Moderne aufgeschlossen. Interessiert sich für vieles und will das Wirkungsfeld ausdehnen. Ist erwartungsvoll auf die Zukunft ausgerichtet.«

Das konstante Verhalten wird im Farbtest folgendermaßen beschrieben: »Benötigt eine ruhige, friedvolle Harmonie. Möchte die Spannungen friedlich, ohne kämpferische Auseinandersetzung lösen. Bemüht sich, die Situation und die Aufgaben durch behutsames Vorgehen zu meistern.«

Die 4 Grundstrukturen

Ich habe Dich durch allerlei Überlegungen hindurchgepufft. Hast Du die Mühe mit mir geteilt, sollst Du auch vom Gewinn profitieren. Wir haben uns nämlich die Bestandteile zu einem Denkcomputer gebastelt und brauchen sie nur noch zusammenfügen. Du kannst ihn anwenden, wo immer es Dir Spaß macht, Zusammenhänge zu verstehen. Seine Bestandteile bestehen aus 2 Positionen (autonom und heteronom) sowie aus 2 Raum-Zeit-Richtungen (konstant und wechselnd). Raum und Zeit sind in Wirklichkeit immer kombiniert. 2 Positionen mal 2 Richtungen ergibt somit 4 Grundstrukturen. Ich will sie als 4 Felder mit den 4 speziellen Lüscher-Testfarben Rot, Blau, Grün und Gelb veranschaulichen. Totale Gegensätze bestehen zwischen dem Gelbfeld und dem Grünfeld sowie zwischen dem Rotfeld und dem Blaufeld.

Diese 4 Felder sind Grundstrukturen (»Archetypen«) des Erlebens. Es sind 4 verschiedenartige psychische Qualitäten oder Zustände.

	RAUM-POSITION	
Die 4 Felder der 4 Farben	heteronom (rezeptiv annehmen)	autonom (direktiv anordnen)
variabel wechselnde Objekte »extravertiert«	Lüscher-GELB a) anderes erleben b) Lösung c) Veränderung d) Möglichkeit e) Weite f) Form für Gelb	Lüscher-ROT a) anderes bestimmen b) Erregung c) Aktivität d) Vielheit e) Reiz-Fülle f) Form für Rot
konstant gleichbleibendes Objekt »introvertiert«	Lüscher-BLAU a) sich selbst erleben b) Ruhe c) Befriedigung d) Einheit e) Reiz-Leere f) Form für Blau	Lüscher-GRÜN a) sich selbst bestimmen b) Spannung c) Beharrung d) Notwendigkeit e) Enge f) Form für Grün

ZEIT-RICHTUNG

211

Die 4 Grundformen entsprechen den 4 Grundfarben des Lüscher-Tests.

Die 4 Felder der 4 Formen	RAUM-POSITION	
	heteronom (rezeptiv annehmen)	autonom (direktiv anordnen)
ZEIT-RICHTUNG variabel wechselnde Objekte »extravertiert«		
konstant gleichbleibendes Objekt »introvertiert«		

Du und ich und jeder andere, wir befinden uns in einem dieser 4 Zustände oder in einem aus ihnen gemischten Zustand, z. B. ruhig, befriedigt (Blau) oder erregt und aktiv (Rot). Auch jedes Objekt erleben wir in einem dieser 4 Zustände (oder in einem aus ihnen gemischten Zustand), z. B. eine ruhige Landschaft, eine entspannte, ungezwungene Freundschaft (Blau) oder eine aufreizende Musik oder einen ärgerlichen Streit (Rot).

(Wer diese Zusammenhänge und ihre Anwendung gründlich verstehen will, findet sie in dem Buch des Autors »Das Harmoniegesetz in uns – Ein neuer Weg zu innerem Gleichgewicht und sinnerfülltem Leben«, ECON Verlag, Düsseldorf 1987).

Die Funktionsphilosophie

In den 4 Feldern der 4 Farben (Seite 211) habe ich unter
a. die funktionspsychologische Definition, unter
b. den psychovegetativen Zustand, unter
c. das psychische Verhalten und unter
d. den logischen Begriff angeführt. Unter
e. ist die entsprechende räumliche Bedeutung angegeben und bei
f. auch die aus der Formpsychologie abgeleiteten archetypischen Formen, die statistisch gesichert den 4 Grundfarben des Farbtests entsprechen.

Die logischen Kategorien unter d. stimmen genau mit denen von Kant überein.

Der große Philosoph Immanuel Kant hat unser Denken untersucht. Er hat in einer Kategorien-Tafel zusammengestellt, welches die notwendigen Denkwerkzeuge sind, mit denen wir etwas beurteilen. Er unterscheidet z. B. die Möglichkeit und die Notwendigkeit. Das entspricht genau dem Gelb und dem Grün. Er unterscheidet außerdem Einheit und Vielheit. Das ist genau das, was wir unter Blau und Rot verstehen.

Er führt auch die Kausalität auf. Das ist das Verhältnis von vorausgehender Ursache und nachfolgender Wirkung. Kausalität besteht zwischen der vorher bestehenden Möglichkeit (Gelb) und der zeitlich nachfolgenden Notwendigkeit (Grün) der eingetretenen Wirkung.

Außerdem führt er die Wechselwirkung (oder Gemeinschaft) an. Genauso besteht eine Wechselwirkung oder Gemeinschaftsbeziehung zwischen der Einheit (Blau) und der Vielheit (Rot). Im Farbtest wird die Bevorzugung der Farben Rot und Blau so beschrieben: »Strebt nach einer harmonischen Lebensgestaltung und einer innigen Verbundenheit. Die regelmäßige Aktivität und eine liebevolle Gemeinschaftsbeziehung bilden besonders innerhalb der Familie die Voraussetzung für das erstrebte Glück. Ist bemüht, mit den nahestehenden Menschen eine vertrauensvolle und gemütvolle Beziehung zu erlangen.«

Die Exaktheit der psychologischen Normen

Das alles mag Dir nüchtern oder trocken vorkommen. Psychologische Einsichten müssen aber durch Beobachtungen und exakte begriffliche Analysen gewonnen werden. Wer kritisch zu denken gelernt hat, fordert, daß Behauptungen unwiderlegbar logisch bewiesen werden. Er übernimmt Behauptungen nicht gutgläubig; weder von einer religiösen noch von einer politischen, noch von einer wissenschaftlichen Ideologie.

Mit Hilfe der Funktionspsychologie (mathematische Funktion: die Abhängigkeit einer Größe von einer bestimmten anderen Größe) lassen sich die psychologischen Normen logisch, exakt und wissenschaftlich beweisbar bestimmen.

Die Funktionspsychologie ist das System einer Ganzheit. Ihre Exaktheit beruht in der widerspruchslosen Definiertheit der notwendigen Relationen innerhalb der psychischen Ganzheit (I. autonom – heteronom; II. konstant – wechselnd; III. Zuwendung – Abwendung). Die Funktionspsychologie ist ein begrifflich mathematisches, also exakt definiertes, logisch widerspruchsfreies Relationssystem.

Sie ist dann zugleich eine exakte Wissenschaft, wenn ihre definierten, systematischen Relationen jederzeit nachprüfbar mit der Wirklichkeit übereinstimmen.

Ähnlich wie bei der Anwendung der Mathematik auf die Astronomie oder auf das periodische System der Chemie können mit dem funktionspsychologischen System psychologische Verhaltensformen im voraus theoretisch abgeleitet werden, noch bevor sie am Einzelfall beobachtet worden sind. Durch die nachträgliche statistisch-empirische Bestätigung, durch die Forschungsergebnisse mit dem Farbtest in der psychosomatischen Medizin, Psychiatrie, Kriminologie und Ethnologie, ist die wissenschaftliche Exaktheit dieser Grundlagen der Funktionspsychologie nachgewiesen worden.

Eine logische Klärung, wie sie uns die letzten Kapitel gebracht haben, empfinde ich als ästhetische Harmonie. Das Verstehen der Zusammenhänge im Reichtum des Lebendigen erlebe ich als beglückende Harmonie.

Wenn wir mit Albert Camus finden, daß die Frage nach dem Sinn des Lebens die dringlichste aller Fragen ist, dann lautet meine Antwort: *Der Sinn allen zweckhaften Tuns ist die Harmonie.* Das zu begründen und auf die Vielfalt unseres Lebens anzuwenden, war das Anliegen in meinem mir wichtigsten Buch:»Das Harmoniegesetz in uns – Ein neuer Weg zu innerem Gleichgewicht und sinnerfülltem Leben«, (ECON Verlag, Düsseldorf 1987).

Logische Ethik statt konfessioneller Moral

Für den 4-Farben-Menschen gelten die ethischen Grundnormen, weil sie der logisch zwingenden Einsicht entsprechen. Der 4-Farben-Mensch ist geistig selbständig. Darum läßt er sich auch seine Moral, etwa in Form der »10 Gebote«, von keinem konfessionellen Glauben aufzwingen. Mit einem Glauben, der nicht Überzeugung aus logischer Einsicht ist, mag er sein Leben nicht belasten. Die Religion hat die eine ihrer Säulen, auf der sie ruhte, die Erklärung der Natur, an die Wissenschaft abtreten müssen. Damit ist vor 500 Jahren die Neuzeit angebrochen. Seither stehen sich Naturwissenschaft und Moraltheologie gegenüber. Wissenschaft und Glaube sind durch eine Kluft voneinander getrennt. Die fehlende geistige Verbindung hat auf der einen Seite die Moral in eine Sackgasse geführt. Das ist eine der Ursachen für die Krise unserer heutigen Kultur.

Die naturwissenschaftliche Technik ist überschätzt worden und blieb ohne moralische Lenkung. Die Menschheit hat sich auf den Weg der Selbstzerstörung begeben. Mit Informations- und Computertechnik wird versucht, bis in die Intimsphäre des Menschen einzudringen, um ihn zu manipulieren. Vor allem weil dem Menschen mit einer zweifelhaften Werbepsychologie – ebenfalls ohne moralische Lenkung – und mit der ganzen Macht von Fernsehen, Zeitschriften und Radio suggeriert wird, welche politischen, gesellschaftlichen und wirtschaftlichen »Ideale« er konsumieren soll, hat die konfessionelle Sonntagsmoral ihren Einfluß auf das tägliche Leben verloren.

Dem Handwerker des Mittelalters galt die gute Qualität als Ideal. Heute ist die Quantität, der Umsatz, zum Erfolgsideal geworden. Deshalb nützt man die neurotischen Massenbedürfnisse aus (Sensationspresse, Sexanimation, Werbung für Prestige-Konsum, für Mode, Kosmetika, Autos, für Alkohol- und Raucherzeugnisse). Aus diesen Gründen und wegen der freieren Sexualmoral zerbröckelt auch diese Säule der Religion. Die im Glauben fundierte Moral ist aber vor allem deshalb fast wirkungslos und teilweise unglaubwürdig geworden, weil ihre Formulierungen und ihre Inhalte dem heutigen Wissen und psychologischen Verständnis nicht mehr genügen (z. B. der Glaube der katholischen Kirche an einen leibhaftigen Teufel).

Für den 4-Farben-Menschen hat eine neue Neuzeit begonnen. Gläubige Unterwürfigkeit, geistige Abhängigkeit und einsichtsloser Gehorsam befremden ihn, und zwar im Privat- wie im Berufsleben.

Der 4-Farben-Mensch steht geistig auf eigenen Füßen. Er denkt selbständig, entscheidet und handelt aus eigener, ehrlicher Überzeugung nach seiner logisch begründeten Ethik.

Der 4-Farben-Mensch ist der Mensch der neuen Neuzeit.

Register

227

Max Lüscher

Die Harmonie im Team

Kommunikation durch Umkehr-Denken

128 Seiten, mit zahlreichen Graphiken, gebunden, Schutzumschlag

Der weltbekannte Psychologe Max Lüscher bringt ein hochaktuelles Thema auf den richtigen Nenner: Begeisterung und Zusammengehörigkeit sind für das Team und für jede Partnerschaft nötig. Der Erfolg des Unternehmens hängt nicht allein von Marktstrategien ab. Starke Schubkraft entsteht, wenn die Mitarbeiter aus Überzeugung motiviert sind. Das setzt eine »Harmonie im Team« voraus. Jedes Arbeitsteam lebt von der Kommunikation. Doch was bedeutet dieses Modewort wirklich? Lüscher beschreibt die Grundtypen des kommunikativen Erlebens und Denkens so anschaulich, daß man sie in der täglichen Erfahrung klar erkennen kann. Er zeigt, wie man die Motivation und Demotivation durch das neuartige Umkehr-Denken verstehen und leiten kann. Außerdem wird erstmals in der Geschichte des Managements das Unternehmen psychologisch als ganzheitliches Regulationssystem anschaulich gemacht.
Es wird gezeigt, wie die persönliche Motivation des Mitarbeiters in das Unternehmenssystem eingefügt werden kann, damit der »richtige Mensch am richtigen Platz« ist.

ECON Verlag
Postfach 30 03 21   ·   4000 Düsseldorf 30

Fritz Stemme/Karl-Walter Reinhardt

Supertraining

Mit mentalen Techniken zur Spitzenleistung

304 Seiten, gebunden, Schutzumschlag

Bei den Olympischen Spielen in Montreal 1976 begannen Stemme und Reinhardt ihre Recherchen zu Supertraining, der systematischen mentalen Vorbereitung auf Höchstleistungen. Supertraining macht sich zunutze, was die Wissenschaft ermittelt hat: Gehirn und Körper stellen sich schon vor dem eigentlichen Vollzug auf Bewegungsabläufe ein. Darüber hinaus kann man ganze Situationsketten im Geist wie in einem Film vor-erleben und trainieren. Kosmonauten und Astronauten haben als erste ein wissenschaftlich erarbeitetes Supertraining mit Erfolg eingesetzt. Entscheidend ist dabei, so zu üben, daß man in der Vorstellungskraft beim Training den Ernstfall durchlebt. Die Autoren schildern die einzelnen Trainingsstufen von der Streß-Regulation bis zur Visualisierung.

ECON Verlag
Postfach 30 03 21 · 4000 Düsseldorf 30

Gertrud Höhler

Offener Horizont

Junge Strategien verändern die Welt

312 Seiten, gebunden, Schutzumschlag

Radikaler Wandel wirkt in der Gesellschaft der Gegenwart. Es herrscht Hochspannung im Wertenetz: Die jungen Menschen von heute lehnen die Erfolgsmuster der Nachkriegsgesellschaft ab. Sie verschaffen sich Marscherleichterung, während die Alten wehmütig und irritiert zurückblicken. Statt Besitzprestige gilt Aktionsprestige, statt Normen sind Menschen und ihre Lebensstile die Leitbilder für die jungen Erfolgreichen. Sie suchen nicht nur den verfeinerten Genuß, sie wollen aus dem Schatten der Vergangenheit heraustreten, fordern ihr Recht auf Wandel, also auch auf Irrtümer. Kurzerhand erklären sie Gewissen und Moral zu ihrer Privatangelegenheit – und werden von den Älteren mißverstanden. Was die Jugend der späten achtziger Jahre erprobt, sind Strategien gegen den Schmerz. Gleichzeitig schlägt fast unbemerkt die Stunde der Frauen. Ihr Talent, schöpferisch mit den Störfällen des Alltags umzugehen, ist dem männlichen Ordnungssinn weit überlegen.»Weiche« Faktoren sind für die Wirtschaft attraktiver denn je. Darüber hinaus sind Flexibilität und die Fähigkeit zur Veränderung auch in späteren Lebensjahren *die* Herausforderung unserer Zeit. Gertrud Höhler macht den Wertewandel auf höchst anschauliche Weise transparent.

ECON Verlag
Postfach 30 03 21   ·   4000 Düsseldorf 30